Kleine Mönchengladbacher Stadtgeschichte

W0087849

Wolfgang Löhr

Kleine Mönchengladbacher Stadtgeschichte

Verlag Friedrich Pustet
Regensburg

Umschlagmotiv:
Ansicht der Stadt Mönchengladbach von Süden. –
Ölskizze von J. G. Pulian um 1856.
Museum Schloss Rheydt

Für Birgit

Bibliografische Information der Deutschen Nationalbibliothek

Die Deutsche Nationalbibliothek verzeichnet diese Publikation
in der Deutschen Nationalbibliografie; detaillierte bibliografische
Angaben sind im Internet über http://dnb.d-nb.de abrufbar.

www.pustet.de

ISBN 978-3-7917-2226-9
© 2009 by Verlag Friedrich Pustet, Regensburg
Umschlaggestaltung: Kulturdesign Anna Braungart, Tübingen
Satz: Fotosatz Amann, Aichstetten
Druck und Bindung: Friedrich Pustet, Regensburg
Printed in Germany 2009

Inhalt

Was dieses Bändchen will

Im letzten Viertel des 20. Jahrhunderts begann eine Zeit, in der viele Städte sich mit Nachdruck auf ihre Geschichte besannen. Es setzte daraufhin so etwas wie eine Konjunktur für neue, moderne Stadtgeschichten ein. Sie beantworteten Fragen, die den früheren Verfassern nicht gestellt worden waren, und verwandten frische Quellen, die zuvor noch nicht gesprudelt hatten.

Mönchengladbach gehört zu den Städten, die sich einer solchen modernen Stadtgeschichte erfreuen dürfen. Das Werk erschien in vier Bänden von 1993 bis 2005. Ein eigenes gedrucktes Register kam 2006 hinzu. Der erste Band erlebte bereits ein Jahr zuvor eine zweite verbesserte Auflage. Bisher fehlte allerdings eine kurz gefasste, leicht lesbare Einführung in das historische Geschehen dieser größten Stadt am linken Niederrhein. Sie liegt hiermit vor.

Was dieses Bändchen von dem vierbändigen Werk mit seinen über 2.200 großformatigen Seiten besonders unterscheidet, ist nicht nur seine Kürze, sondern auch ein anderes Konzept. In der großen Stadtgeschichte wurde die jeweils eigene Vergangenheit der einzelnen Städte und Gemeinden, welche heute die neue Stadt bilden, betont und deshalb bis auf einige Querschnittsartikel ganz bewusst getrennt. Jetzt hingegen werden historische Gegebenheiten an Beispielen aus der Geschichte der einzelnen Gemeinden, die heute zur Stadt gehören, geschildert. Dabei können dann auch neben den Gemeinsamkeiten die Unterschiede sowie die Besonderheiten im Vergleich deutlich herausgestellt werden.

Wie schon bei der großen Stadtgeschichte soll auch dieses Mal vermieden werden, der Leserschaft einzureden, vom Auftauchen der eiszeitlichen Großwildjäger vor 350 000 bis 300 000 Jahren im jetzigen Mönchengladbacher Stadtgebiet bis in unsere Tage bestünde eine Kontinuität. Es war weder eine ausgemachte Sache, dass hier einmal die heutige Stadt

entstehen würde, noch war es abzusehen, ob es unausweich-
lich zu dem Zusammenschluss der Städte Mönchengladbach
und Rheydt sowie der Gemeinde Wickrath, die seit 1975 die
Stadt Mönchengladbach bilden, kommen musste. Dafür gab
es zu viele politische Widerstände und zu viel Unvorhersehbares.

Von den Urmenschen zu den Römern

Der Urmensch in Mönchengladbach

Wer sich mit dem Neandertaler im Rheinland beschäftigt, wird dabei bald auf einen bedeutenden Fundplatz in Mönchengladbach-Rheindahlen stoßen. 1915 war er dort „im Löss zwischen Maas und Niederrhein", wie es in einer Veröffentlichung einmal hieß, von dem Gladbacher Gymnasialprofessor Heinrich Brockmeier entdeckt worden, als er in der Ziegelgrube Dreesen auf das Bruchstück eines Steinabschlags aus der Zeit des Neandertalers stieß. Immer wieder ist seitdem in Rheindahlen gegraben worden, zum letzten Mal zwischen 1995 und 2001. Dabei wurden außerdem Zeugnisse aufgespürt, die auf noch früheres menschliches Leben aus der Zeit vor 350 000 bis 300 000 Jahren hinwiesen. Es waren Spuren einer der ältesten Menschengruppen in Europa, der Vorfahren des Neandertalers. Wissenschaftlich heißt dieser Urmensch *homo heidelbergensis*, weil sein Unterkiefer 1907 in einem Ort in der Umgebung von Heidelberg gefunden worden ist. Durch die Entdeckung dreier von ihm geschaffener und bearbeiteter Gegenstände in Rheindahlen ist belegt, dass der Frühmensch als Jäger schon durch das heutige Mönchengladbacher Stadtgebiet gezogen ist. Die Rheindahlener Funde zeugen von einem der frühesten Aufenthalte von Menschen im Rheinland überhaupt. Aber ihr Bleiben war nicht von Dauer.

Vor 80 000 Jahren: Neandertaler durchstreifen das Land

Die Nachfahren der Urmenschen, die Neandertaler, lassen sich in Mönchengladbach erstmals etwa um 80 000 v. Chr. mit Tausenden von Fundstücken (Faustkeilen, Klingen, Spitzen, Schaber) nachweisen, die wichtige Erkenntnisse zur Lebensweise lieferten. Wir wissen, dass die Neandertaler hier in einer den

Prärien des Wilden Westens ähnlichen Landschaft Rentiere, Hirsche, Wildpferde, Wisente und andere Großtiere jagten. Das Klima unterschied sich vom heutigen: Es regnete wenig und die Sommer waren recht warm, dafür die Winter sehr kalt. Doch verstanden es die Neandertaler, wenn nötig, Behausungen mit Feuerstellen zu errichten. Gegen die Kälte half zudem im Winter warme Fellbekleidung. Während der wärmeren Perioden wurden Pflanzen gesammelt und Fische gefangen. In den Kaltzeiten stand die Großwildjagd im Vordergrund. War die Gegend abgejagt, zogen die Neandertaler weiter.

Das grüne Tal der Niers als Siedlungsraum

Nach dem Verschwinden der Neandertaler herrschte wieder für viele zehntausend Jahre Stille. Fest steht, dass am Ende der letzten Eiszeit, am Schluss der Altsteinzeit (11 700–9600 v. Chr.) und zu Beginn der Mittelsteinzeit (9600–5500 v. Chr.) das Tal der am Rande Mönchengladbachs fließenden Niers dem *homo sapiens*, dem modernen Menschen, bevorzugt als Siedlungsraum für viele Jahrzehntausende gedient hat. Dies geht daraus hervor, dass hier aus dieser langen Zeitspanne eine Menge Steinwerkzeuge gefunden worden sind. Während der Mittelsteinzeit eroberte der Wald die vorherigen weiten Grasflächen zurück, da die Temperaturen gestiegen waren. Auerochse, Braunbär, Elch, Reh, Rothirsch und Wildschwein traten an die Stelle von Wildpferd und Rentier.

Die Mönchengladbacher Bandkeramiker

Auch für die Jungsteinzeit, die Zeit von 5000 bis 2000 v. Chr., gibt es eine Vielzahl von Belegen aus dem Mönchengladbacher Raum, die anschaulich etwas über das Dasein der sesshaft gewordenen und von Ackerbau und Viehzucht lebenden Menschen aussagen. Eine Gruppe von ihnen, die wegen der bandförmigen Verzierungen auf ihren Gefäßen aus Keramik Bandkeramiker genannt werden, lässt sich am südlichen Rand der

Stadt in Wickrathberg und Wanlo belegen, wo Hausgrundrisse zum Vorschein kamen. Zudem wurde 1976 beim Autobahnbau südöstlich der Stadtgrenze schon im Bereich der Stadt Jüchen ein kleines rundes Erdwerk entdeckt. Es diente den Bandkeramikern nicht nur zum eigenen Schutz und dem ihrer Tiere, sondern konnte ferner als Ort für Versammlungen und zur Unterbringung von Gütern genutzt werden. Um einen solchen Wall zu bauen und zu erhalten, bedurfte es schon einer wirksamen Organisation, was darauf hinweist, dass die Bandkeramiker längst nicht mehr „primitive" Menschen waren.

Hunnenkönig Attila in Mönchengladbach?

Für die auf die Bandkeramiker folgenden Kulturen (Rössener und Michaelsberger Kultur, Becherkulturen) gibt es einmal mehr, einmal weniger Belegstücke im Mönchengladbacher Raum. Sie reichen jedenfalls aus, um nachzuweisen, dass die Region besiedelt blieb. Auch Menschen, die lernten, mit Bronze, einer Legierung aus Kupfer und Zinn, und dem Metall Eisen umzugehen, lebten in Mönchengladbach.

Aus der älteren Eisenzeit (750–450 v. Chr.) stammt das Hügelgräberfeld im Hardter Wald, das vor fast 140 Jahren entdeckt wurde. Es gilt als der älteste Begräbnisplatz in Mönchengladbach. Durch Raubgrabungen ist er weitgehend zerstört worden. Man brachte ihn spätestens Anfang der 1870er-Jahre in Zusammenhang mit dem als grausam bekannten Hunnenkönig Attila (406–453) und dichtete ihm an, hier einen unermesslich großen Schatz versteckt zu haben. Das war blühende Fantasie, die dazu führte, dass das Gelände gründlich und ohne Rücksicht durchstöbert wurde. Dies ist ein trauriges Kapitel menschlichen Unverstands, denn eine genauere wissenschaftliche Erforschung des Gräberfelds war durch die Raubgräber unmöglich gemacht worden. Nur einige Graburnen aus Keramik haben sich erhalten.

Das Grab eines römischen Söldners?

Als 1938 in der Ziegelgrube Quack in Mönchengladbach-Mülfort zwei römische Gräber freigelegt wurden, kamen dabei ein zweischneidiges eisernes Schwert und ein hölzerner Schild mit eisernen Beschlägen zum Vorschein. Offenbar war hier ein Krieger begraben worden. Die ebenfalls entdeckten Keramikgefäße und ein Hohlarmring deuten wohl auf die Bestattung einer Frau hin. So viel scheint wahrscheinlich: Die Mülforter Gräber sind kurz vor oder schon während der Zeit entstanden, als die Römer Mitte des letzten Jahrhunderts v. Chr. in das Gebiet zwischen Rhein und Maas vorstießen. Der Mann mit dem Schwert kann ein einheimischer Kundschafter der römischen Streitkräfte aus dem Stamm der Ubier gewesen sein, wie es der Archäologe Michael Gechter vermutet hat.

Ave Caesar oder Kochtöpfe aus Mönchengladbach

Im Zusammenhang mit dem Feldzug des römischen Befehlshabers Caesar gegen die Gallier kamen die Römer in das Gebiet zwischen Rhein und Maas, in dem sie die Stammesverhältnisse neu ordneten. Um 40 v. Chr. siedelten sie den germanischen Stamm der Ubier vom rechten Rheinufer in unseren Raum um, der zuvor von Eburonen bewohnt gewesen war. Ein Teil des heutigen Stadtgebiets lag im Bereich der Ubier, ein anderer Teil westlich der Niers im Gebiet der Kugerner/Baetasier, ebenfalls Germanen. Auch die Eburonen waren Germanen, wenn auch ihre Anführer keltische Namen trugen. Auf Kelten, die noch vor fünfzig Jahren bei der Deutung des Ortsnamens Gladbach bemüht wurden, deutet nichts hin. Sollte tatsächlich auf einem nicht mehr vorhandenen Stein, der zu Ende des 19. Jahrhunderts bei Rheindahlen gefunden worden ist, eine Ubierin *(filia Ubia)* genannt worden sein, dann hätten wir sogar einen schriftlichen Beleg dafür, dass in Mönchengladbach dieser Germanenstamm gelebt hat.

Unbestreitbar ist die Existenz der Römer im heutigen Stadtgebiet nicht nur durch eine Vielzahl römischer Höfe, sondern vor allem durch das Dorf *(vicus)* Mülfort an einer Furt über die Niers. Es lag an einem Kreuzpunkt der Straßen nach

Köln, Neuss, Aachen und Nimwegen und ist ein recht bemerkenswertes Zeugnis der römischen Herrschaft in unseren Breiten. Kristallisationspunkt der Siedlung in Mülfort war ein Wachtposten an der um 20 v. Chr. erbauten Straße von der Maas nach Neuss, die hier den Fluss querte. Später, im 2. Jahrhundert n. Chr., kam im Mülforter Gebiet noch ein Zoll- und Steuerdepot hinzu. Um den Wachtposten siedelten sich Handwerker an. In der zweiten Hälfte des 2. Jahrhunderts n. Chr. war ein Straßendorf von etwa einem Kilometer Länge mit mehreren hundert Einwohnern entstanden. In ihm lebten Töpfer, die Kochtöpfe und anderes Haushaltsgeschirr produzierten, Metzger, die das Vieh aus den umliegenden Bauernhöfen schlachteten und das Fleisch verarbeiteten, außerdem ein Ziegler, der Dach- und Fußbodenziegel in der weiteren Umgebung bis nach Erkelenz, Heinsberg und Wachtendonk vertrieb. Das wissen wir so genau, weil er seine Ziegel mit Fabrikstempeln kennzeichnete. Der eine zeigt ein Kreuz, der andere eine Swastika, die unter dem Namen Hakenkreuz bekannter ist und von der völkischen Bewegung für eine „germanische Rune" gehalten wurde. Von diesem römischen Hakenkreuz wusste man übrigens in der nationalsozialistischen Zeit in Mönchengladbach nichts.

Weder der Name des Töpfers noch der des Dorfes an der Niers sind bekannt. Als sicher kann hingegen gelten, dass dort Jupiter, der höchste römische Gott, angerufen worden ist: Drei so genannte Jupitergigantensäulen haben sich in Fragmenten erhalten. Vielleicht wurden im römischen Dorf oder in seiner Nähe auch einheimische Göttinnen verehrt, denn im Gladbacher Münster sind Reste von Matronensteinen vermauert worden, die vielleicht von dort stammen.

Die Dorfbewohner hatten auch einen Begräbnisplatz angelegt, der ganz nah an der Siedlung lag, sodass man den Eindruck haben könnte, „die damaligen Bewohner" hätten „ihre Toten am Rande ihres Gemüsegarten" begraben (M. Gechter).

Mönchengladbacher Matronen

Unter Matronen versteht man heute, oft abwertend gemeint, runde, meist ältere Frauen. Das war nicht immer so. Im Lateinischen bezeichnet matrona eine vornehme, Würde ausstrahlende Dame. Auch die göttliche Juno führte diesen Beinamen. Im Rheinland gab es ab dem 2. Jahrhundert n. Chr. einen besonders durch römische Legionäre weit verbreiteten religiösen Matronenkult. Dazu wurden Altäre errichtet, auf denen die Muttergöttinnen zumeist als Dreiergruppe erscheinen. Ein bekanntes Beispiel für eine Matronenkultstätte im Rheinland ist der so genannte Heidentempel in Nöthen bei Münstereifel.

In Gladbach sind mehrere Votivsteine für Matronen gefunden worden. Die den Matrones Gavadiae geweihten wurden, wie oben erwähnt, im Gladbacher Münster als Bausteine verwertet. Was sich hinter ihrem Namen verbirgt, lässt sich nicht mit letzter Sicherheit entschlüsseln. Es ist möglich, dass er etwas mit „anvertrautem Gut" zu tun hat. Dies könnte bedeuten, dass Göttinnen erscheinen, die den Menschen etwas auf Zeit anvertrauen, was eigentlich ihnen gehört.

Warum die Steine im Münster vermauert worden sind, lässt sich so erklären: Man suchte in der näheren Umgebung Gladbachs nach Baumaterial, weil dessen Beschaffung teuer war. Dabei stieß man auf die Reste des oben genannten Dorfs

In Rheindahlen gefundener Matronenstein.

16

an der Niers und baute sie ab. Es fällt auf, dass die Matronensteine im Münster in beträchtlicher Höhe mit den Darstellungen und lateinischen Aufschriften nach innen eingemauert worden sind, obgleich sie von unten sowieso nicht zu lesen waren.

Wollte man sicher gehen und alle Erinnerungen an einen heidnischen Kult bewusst löschen?

Ein weiterer Matronenstein aus dem 2. Jahrhundert n. Chr. wurde in den 1960er-Jahren zwischen Rheindahlen und Rheydt gefunden. Ob auch er einmal im römischen Dorf an der Niers gestanden hat? Er ist den Matronae Cantrusteihi gewidmet. Sein Stifter ist mit Namen genannt: Faustinius Albus. Die drei Matronen sitzen in einer Muschel und haben als Fruchtbarkeitsgöttinnen Fruchtkörbchen auf dem Schoß. Eine Deutung ihres Namens gibt es bisher nicht.

Mönchengladbach öd und leer

Wann das Christentum in Mönchengladbach Einzug gehalten hat, wissen wir nicht. Es ist nur bekannt, dass im 4. Jahrhundert das Gebiet östlich der Niers zum Bistum Köln und das westlich der Niers zum Bistum Tongern/Lüttich gehört hat. Wir besitzen auch keine Hinweise über Pfarreien aus dieser Zeit. Im Dorf an der Niers fehlen ebenfalls Spuren christlichen Lebens. Fest steht aber, dass es spätestens nach dem endgültigen Untergang der römischen Herrschaft am Rhein im 5. Jahrhundert verfiel und zahlreiche oder gar alle römischen Höfe aufgegeben worden sind. Aus einer vom Menschen kultivierten Landschaft wurde eine Steppe mit Büschen und einzelnen Wäldern, und das blieb mehrere Jahrhunderte so. Deshalb kann man von einer ununterbrochenen Besiedlung von der Römerzeit bis zu den Franken nicht ausgehen, sondern muss von einem tiefen Einschnitt sprechen. Mönchengladbach wurde öd und leer.

Von den Franken bis zum Ende des Mittelalters

Die Franken und ein vermeintlicher Gefolgsmann
Karls des Großen

Nach der Landnahme der Franken gehörte das Gebiet von Mönchengladbach zum Mülgau, der im 9. Jahrhundert erstmals erwähnt wird. Spuren aus der merowingischen Zeit vom frühen 5. bis zur Mitte des 8. Jahrhunderts sind kaum vorhanden. Bedeutend ist nur der Fund einer aus der Ferne exportierten Bronzepfanne und eines aus Bein gefertigten Kamms. Beide Gegenstände wurden in der Nähe der heutigen Stadt Mönchengladbach, im benachbarten Korschenbroich, zu Tage gefördert. Sie stammen aus dem 7. Jahrhundert und sind charakteristische Grabbeigaben für einen fränkischen Adeligen. Deshalb wird angenommen, er sei hier in der Gegend ansässig gewesen. Wo und wer er war, liegt völlig im Dunkeln und wird wohl nicht mehr zu klären sein.

Von einem anderen fränkischen Adeligen, der eng mit der Geschichte Mönchengladbachs verbunden ist, wissen wir immerhin den Namen. Er hieß Balderich und wird in der Gründungsgeschichte der Abtei Gladbach erwähnt, die im letzten Viertel des 11. Jahrhunderts verfasst worden ist. Dort wird er als ein Mann „aus der ersten Reihe" zu Zeiten der Herrschaft Karls des Großen bezeichnet. Diese lagen bei der Abfassung der Gründungsgeschichte mehr als 250 Jahre zurück. Wer nach Balderich sucht, findet niemanden dieses Namens in der Umgebung des Frankenkaisers. Da hilft auch eine andere Quelle nicht weiter, in der Balderich sogar den Titel eines Grafen trägt und der Name seiner Frau Hitta verraten wird. Diese Informationen finden wir in dem etwa hundert Jahre nach der Gründungsgeschichte um 1160 angelegten Totengedächtnisbuch der Abtei Gladbach. Wer also war Balderich?

Es gibt tatsächlich jemanden dieses Namens, von dem man vielleicht in Gladbach gehört haben kann: Jenen Balderich, der 1100 als Graf des Drentegaus in den heutigen Niederlanden belegt ist und dessen Schwiegervater Wichmann am Ende seines Lebens im Gladbacher Kloster lebte. Möglicherweise hat ihn dort sein Schwiegersohn Balderich besucht und dem Kloster Gutes getan, sodass ihn die Mönche aus Dankbarkeit in das Totenbuch aufgenommen haben. So weit, so gut. Doch es gibt einen Haken: Seine Frau hieß nicht Hitta, sondern Adelheid/Adela. Eine Verkürzung von Adelheid zu Hitta ist namensgeschichtlich nicht möglich. Diese Deutung ist also fragwürdig. Richtig bleibt aber: Die Behauptung, Balderich habe zu Zeiten Kaiser Karls gelebt, darf man nicht wörtlich nehmen. Sie bedeutet nur, dass man bei der Abfassung der Gründungsgeschichte darauf verweisen wollte, Balderich habe schon lange vor 974, dem Jahr der Entstehung der Abtei, existiert. Ältere Bewohner des Orts hatten nämlich gemäß der Gründungsgeschichte erzählt, die von dem Kölner Erzbischof Gero auf dem Gladbacher Hügel vorgefundene Kirche gehe auf Balderich zurück. Sie wollten mit ihrer vagen Datierung lediglich sagen, das sei schon sehr lange her.

In einer neuen Untersuchung zum Gladbacher Totenbuch stellt die Autorin Alexandra Holtschoppen einige originelle Mutmaßungen darüber an, wer Balderich sein könnte. Zunächst, meint sie, solle man der Bezeichnung Graf nicht viel Bedeutung beimessen. Dann möge man bedenken, dass die Abtei Gladbach bei der Gründung durch den Kölner Erzbischof Gero wie alle Gebiete westlich der Niers im Bistum Lüttich lag. Hier müsse man demnach suchen.

Dort gibt es tatsächlich einen Bischof Balderich, der dem Bistum von 954 bis 959 vorstand. Das sind zwar 150 Jahre nach Karl dem Großen, aber wie bereits bemerkt, sollte man die zeitliche Einordnung in der Gründungsgeschichte nicht auf die Goldwaage legen. Ein Problem bleibt dann aber immer noch: die im Totenbuch Balderich beigegebene Frau Hitta. Ein verheirateter Bischof?

Eine andere Möglichkeit wäre es, statt seiner jemanden aus seinem Umkreis mit diesem Namen zu finden. Immerhin kam „Balderich" schon seit Generationen in seiner Familie vor. Die Jagd nach dem richtigen Balderich kann also weiter gehen.

Ein Problem: Die Ersterwähnung zweier Mönchengladbacher Ortsteile

In einer Urkunde der Eifelabtei Prüm aus dem Jahr 867, die sich in einer etwa hundert Jahre später überlieferten Abschrift erhalten hat, werden die Orte *Dalon* und *Uuanelon* (gesprochen Wanelon) erwähnt. Sie sind, was auf der Hand liegt, als die Mönchengladbacher Stadtteile Rheindahlen, das bis 1878 Dahlen hieß, und Wanlo gedeutet worden. Nach einer anderen Auffassung verbergen sich dahinter jedoch Spangdahlem (Ortsgemeinde der Verbandsgemeinde Speicher/Kreis Bitburg-Prüm) und Wehlen an der Mosel (heute Stadt Bernkastel-Kues/Kr. Bernkastel-Wittlich). Dafür scheint es zunächst ein gutes Argument zu geben: Aus der Urkunde erfahren wir nämlich, dass die Orte *in pago moslense* liegen, was mit *im Moselgau* übersetzt worden ist. Wenn man aber bedenkt, dass der Buchstabe *s* in *moslense* ein romanisches Dehnungs-*s* sein kann (heute im Französischen durch den Zirkumflex erkennbar), dann ergibt sich die Aussprache *molense*. Das weist auf den Mülgau hin, in dem ja Mönchengladbach unbestritten liegt. Entscheidend aber ist, dass der mittelalterliche Moselgau das Tal der Mosel von Metz im heutigen Frankreich nur bis zur heutigen Grenze zwischen Luxemburg und Deutschland umfasste und Spangdahlem und Wehlen folglich nicht dazugehörten. Weitere gewichtige Begründungen kommen hinzu: Die Abtei Prüm hatte im 9. Jahrhundert Besitz in der Nähe der beiden in der Urkunde von 867 genannten Orte, nämlich in Kirchherten (heute Stadtteil von Bedburg/Kr. Rhein-Erft), Jüchen (heute Kr. Neuss) und Keyenberg (heute Stadtteil von Erkelenz/Kr. Heinsberg). Sie war also hier nicht fremd. Ferner erscheint Wehlen schon 874 als *Weuelon* (gesprochen Wevelon) und ist nie *Wanelon* oder ähnlich genannt worden. Die zweite Silbe beginnt in allen späteren Belegen immer mit einem *l* (etwa *Wellena*). Überdies sei noch darauf hingewiesen, dass die Schutzvögte der Abtei Prüm aus dem Haus Are-Hochstaden in Rheindahlen und in Wanlo begütert gewesen sind, was auch für ursprünglichen Prümer Besitz spricht.

Es bleibt noch zu klären, woher König Lothar II., der

Die so genannte Prälatur der Abtei Gladbach. – Lithografie von Robert Geissler um 1876.

gemäß der Urkunde von 867 mit einem gewissen Otbert in Dahlen (= Rheindahlen) Güter tauschte, die an Prüm gelangten, diese hatte. Er könnte sie von seinen Vorvätern aus dem Geschlecht der Karolinger übernommen haben. Dann wäre etwas dran an der in einer Kopie erhaltenen Inschrift aus der Kirche St. Maria im Kapitol in Köln, die besagt, dass Plektrudis († 725), die Frau des Karolingers Pippin des Mittleren Maria im Kapitol mit Liegenschaften in Rheindahlen versehen habe. Somit hätte diese Inschrift „einen wahren Kern" (N. Becker), und es ist nicht falsch, dass in Rheindahlen eine Plektrudisstraße existiert. Übrigens besaß mit Sicherheit St. Maria im Kapitol im 12. Jahrhundert in Rheindahlen einen Hof. Er lag südwestlich von der Kirche. Später lassen sich sieben weitere Höfe in seinem Besitz im Rheindahlener Gebiet in Merreter, Sittard, Kothausen und Viehstraß nachweisen.

Mülfort, der Mülgau und eine unbeantwortete Frage

Schon mehrfach ist der Mülgau erwähnt worden. Er war einer von mehreren Untergauen, die zur Zeit der Merowinger entstanden sind und gehörte zum Großgau Hattuaria, der für das 8. Jahrhundert belegt ist. 837 wird der Mülgau zum ersten Mal genannt. Im Westen war er durch das Maas- und Rurtal und im Osten durch das Nierstal begrenzt, im Südosten bildeten Roermond und Mönchengladbach die Eckpunkte. Die nördliche Begrenzung ist unbestimmt. Dass der Name des Orts Mülfort, den wir als namenloses Dorf in der Römerzeit kennen, etwas mit dem Mülgau zu tun hat, ist anzunehmen. Dieser ist 946 erstmals urkundlich nachzuweisen. Nur gibt es ein Problem: Der Inhalt dieser Urkunde ist gefälscht. Außerdem wird darin Mülfort in den Großgau Ribuarien verlegt, dem es nachweislich nicht angehörte. Da Mülfort östlich der Niers lag, zählte es zur Diözese Köln, im Gegensatz zu den Gebieten des Mülgaus westlich der Niers, die dem Bistum Lüttich unterstanden. Dem Fälscher der Urkunde in Lüttich waren solche Feinheiten unbekannt. Für ihn galt, was zu Köln gehört, ist Ribuarien. So erklärt jedenfalls der Historiker Wolfgang Herborn, der sich mit der mittelalterlichen Frühgeschichte Mülforts beschäftigt hat, den Fehler.

Offen ist die Frage, wonach der Mülgau benannt worden ist. Von Mülfort? Dies hieße, dass der ganze Gau nach dem Ort benannt ist. Wahrscheinlicher ist, dass Mülfort seinen Namen vom Gau hat, in dem der Ort an einer wichtigen Furt durch die Niers lag. Vielleicht steckt in der ersten Silbe eine andere Bezeichnung für die Niers, dann wäre Mülfort mit Niersfurt gleichzusetzen.

Plünderten Ungarn in Gladbach?

In der Gründungsgeschichte der Abtei wird auf ein Ereignis hingewiesen, dessen Richtigkeit bezweifelt wird. Dort erfahren wir, „das ruchlose Heidenvolk der Ungarn" sei 954 bis nach Gladbach vorgedrungen. Da dies die einzige Nachricht von einem Ungarneinfall am Niederrhein ist, haben schon Historiker im 17. Jahrhundert die Ungarn durch die Hunnen ersetzt.

Doch bei den Hunnen blieb es nicht: Im vorigen Jahrhundert hat man sie gegen die Normannen ausgetauscht. Sie galten vielen Generationen als der Schrecken Europas, da konnte man sie auch für den Raubzug von 954 verantwortlich machen. Vermutlich hat aber der Verfasser der Gründungsgeschichte die Ungarn ganz bewusst als Plünderer erwähnt. Er wusste, dass sie 955 Otto I. auf dem Lechfeld bei Augsburg besiegt hatten. Da passte es ganz gut, sie auch in Gladbach auftreten zu lassen, um zu begründen, warum die wertvollen Reliquien, die Gero in Gladbach gefunden haben soll, in einem steinernen Gefäß in einer zerfallenen Kirche versteckt worden waren. Gleich werden wir noch erfahren, was es mit dem „Auffinden" der Reliquien für eine Bewandtnis hat.

Lässt man die Schlacht auf dem Lechfeld einmal unberücksichtigt, so gibt es auch noch einen anderen Grund, die Ungarn ins Spiel zu bringen. Alexandra Holtschoppen hat darauf aufmerksam gemacht, dass der 944 zum Herzog von Lothringen eingesetzte Konrad der Rote sich zeitweise mit den Ungarn verbündet und sie bis Maastricht begleitet habe. Weil diese Stadt „etwa zwei bis drei Tagesreisen von Gladbach entfernt" lag, gab es Anlass genug, sich vor einem weiteren Vordringen der Ungarn zu fürchten. Wenn dem so ist, hat die Gründungsgeschichte die Möglichkeit eines Ungarneinfalls zu einer Tatsache umgewandelt, wohl auch um den „Fund" der Reliquien zu erklären.

Warum in Gladbach eine Abtei entstand

Die Gründungsgeschichte der Abtei Gladbach erzählt, dass der Kölner Erzbischof Gero sich um 973 aufmachte, ein Benediktinerkloster zu errichten. Ihm war in einem Traum aufgetragen worden, „er solle auf einem waldigen Hügel in der Nähe eines Bächleins Gott und dem hochgeschätzten Märtyrer Vitus ein Kloster erbauen", so der Text in der Übersetzung aus dem Lateinischen von Manfred Petry. Gero fand im Trierer Kloster St. Maximin einen „wackeren Mann namens Sandrad, der durch klösterliche Zucht hervorragend geschult war, die Ausführung des gedachten Werkes in die Hand zu nehmen." Gemeinsam durchwanderten sie verschiedene Gegenden des Bistums Köln und kamen schließlich nach Leichlingen (heute Rheinisch-Bergischer Kreis). Der Platz entsprach „dem Traumbild, zumal die Wupper nahe vorbeifloss … Sie begannen sogleich, das Gelände für die Kloster- und Wirtschaftsgebäude einzufrieden." Gero hatte sich jedoch getäuscht. Als der Bau bereits begonnen hatte „und täglich wuchs, kamen zwei Boten des Kaisers Otto II., der … nach dem Tod seines Vaters Otto I." am 7. Mai 936 in Memleben (heute Burglandkreis in Sachsen-Anhalt) „die Verwaltung des Reiches übernommen hatte." Was die beiden Gesandten Gero mitteilen wollten, wird nicht gesagt. Nun ereignete sich etwas Unvorhersehbares: Beim Verzehr einer „köstlich zubereiteten Hirschleber" schnappte einer der Boten, ein Geistlicher, dem anderen, einem Laien, immer wieder ein Stück Fleisch „gierig weg". Im Scherz brachte der Gefoppte dem Geistlichen „mit seinem Messer eine ganz leichte Wunde am Knie bei." Dabei floss ein wenig Blut. Doch der kaum Verletzte, starb „auf der Stelle." Der Ort Leichlingen kam jedenfalls daraufhin nicht mehr in Frage. Er war entweiht.

Was steckt dahinter? Alexandra Holtschoppen vermutet, dass Otto II. mitteilen ließ, Leichlingen rechts des Rheines sei ungeeignet. Er brauche nicht auf dem rechten, sondern auf dem linken Rheinufer einen Stützpunkt gegenüber dem unruhigen Lotharingien, wo es zu Aufständen gegen ihn gekommen war. Außerdem konnte man damit den Niersübergang bei Mülfort sichern. Aber es gab nicht nur „sicherheitspolitische" Motive. Auch Gero hatte Grund genug, ein Kloster in Gladbach zu gründen. Es lag im Lütticher geistlichen Sprengel, der weit in die Kölner Diözese hineinragte. Einem weiteren Vordringen in Richtung des Rheins nach Osten konnte Gero mit der Gladbacher Gründung, dem ersten Kloster überhaupt in der Region, endgültig einen Riegel vorschieben.

Wertvolle Reliquien des Sachsenheiligen Vitus

Unter den vor den Ungarn versteckten Reliquien fanden sich Überreste des hl. Vitus. Er galt als Märtyrer und soll der Legende nach aus Sizilien stammen. Gegen 450 wird er zum ersten Mal erwähnt. Um 600 entsteht ein Bericht über sein Leben und

Sterben. Vitus wurde zum Lieblingsheiligen der Sachsen, zu deren Stamm sowohl der damalige Kaiser Otto II. als auch Gero gehörten. Wenn dieser also das nun entstehende Kloster diesem Heiligen weihte, so war das zugleich eine Verbeugung vor dem obersten weltlichen Herrscher. Das hat jedenfalls die belgische Historikerin Sophie Rottiers vor einigen Jahren vermutet und gleichzeitig mit guten Argumenten bezweifelt, dass Gero die Reliquien wirklich gefunden hat. Demnach müsste er sie mitgebracht haben, und es erübrigt sich die Frage, ob etwa der Zug, der 836 die Gebeine des Märtyrers von St. Denis bei Paris nach Corvey in Westfalen brachte, in Gladbach eine Pause gemacht und der dortigen Kirche eine Reliquie des Heiligen geschenkt hat. Dagegen sprach schon immer, dass im Bericht über die Translation nach Westfalen Gladbach nicht vorkommt.

Die übrigen Reliquien, die Gero in Gladbach „entdeckte", stammten alle aus der Kölner Diözese: Cornelius und der mit ihm zusammen verehrte Cyprianus sowie Chrysantus. Die ebenfalls genannte Barbara geht vermutlich auf einen Lesefehler für die Gefährtin des hl. Chrysantus, die hl. Daria zurück. Diese Reliquien könnte der Kölner Erzbischof ebenso, folgt man Sophie Rottiers, mitgebracht haben, da man dort eher mit Lütticher Reliquien hätte rechnen sollen. Dafür spricht, dass im ebenfalls zur Maasdiözese gehörenden Rheydt eine Reliquie des besonders in Stablo/Stavelot im Bistum Lüttich verehrten hl. Papstes Alexander vorhanden gewesen sein muss.

Aber warum überhaupt Reliquien für die Abtei? Sie waren seinerzeit so wertvoll wie Edelsteine. Es gab ein „schier unstillbares Verlangen" nach ihnen. Reliquien besaßen angeblich überirdische Kraft, „wie sie eigentlich nur Sakramenten zukam" und vermochten, „in aller menschlicher Not wie nichts sonst zu helfen" (A. Angenendt). Somit offenbarten sie Geros außergewöhnliche Wertschätzung für seine Gründung Gladbach. Außerdem konnten sie Schaden von dem neuen Kloster abwehren und es für Pilger attraktiv machen.

Gero (links) und Sandrad (rechts) mit dem Modell der Abteikirche. – Knorrsche Handschrift in Kempen, 18. Jahrhundert.

Abt Sandrad, ein Säufer und Heuchler?

Als ersten Abt des neuen Klosters Gladbach wählte Gero einen erfahrenen Mann namens Sandrad, der seine Fähigkeiten schon anderswo unter Beweis gestellt hatte. 963 verwaltete er den umfangreichen Besitz des Trierer Klosters St. Maximin. Diese Mönchsgemeinschaft war eine Generation zuvor zum Vorbild für andere Konvente geworden. Sie erlebte mit „tatkräftiger Unterstützung" des Königs und späteren Kaisers Otto I. „eine Blütezeit, in der ihre Mönche die reformerischen Gedanken an viele Klöster im Reich weitergaben" (H. Michels).

Sandrad, etwa um 920/25 geboren, stammte vielleicht aus der Moselgegend. Um 965 ging er zusammen mit dem Maximiner Abt Christian nach Köln in das Kloster St. Pantaleon, das auf Wunsch des Kölner Erzbischofs Brun reformiert wurde. Hier mag ihn Gero, der Brun später nachfolgte und damals schon ein hohes Amt am Kölner Dom wahrnahm, kennen gelernt haben. Sandrad hatte gute Beziehungen zum kaiserlichen Hof und war Beichtvater der Gemahlin des Kaisers Otto I. mit Namen Adelheid gewesen. 973 ging er auf Bitten des Kaisers in das Kloster St. Gallen in der heutigen Schweiz, um es zu reformieren, scheiterte aber kläglich. Ein St. Gallener Mönch machte sich lustig über ihn und erzählte in einer Chronik, Sandrad habe zum Weinverzehr animiert und sei mit schlechtem Beispiel vorangegangen. Einen Mitbruder habe er geschlagen, im gemeinsamen Schlafsaal der Mönche geschnarcht, die Bank am Bett eines seiner Mitbrüder benässt und verbotenerweise heimlich Fleisch verzehrt. Er sei also ein Säufer und Heuchler gewesen, will uns der Chronist Ekkehart IV. aus St. Gallen damit sagen, um zu verschleiern, dass seine Abtei sich gegen eine notwendige Reform sträubte.

Solche Anschuldigungen, die deutliche Züge einer Karikatur tragen, wurden in dem ein Jahr später gegründeten Gladbach nicht gegen Sandrad laut. Hier konnte er ganz nach seinem Reformkonzept vorgehen. Dennoch blieben ihm nach dem Tod Geros heftige Anfeindungen nicht erspart. 978 wurde er aus Gladbach vertrieben. Das hing einmal damit zusammen, dass seine Gönnerin Adelheid sich aus der Politik zurückgezogen hatte. Außerdem konnte der Nachfolger Geros, der Kölner Erzbischof Warin, Otto II. (955–983) seine Loyalität mit der Absetzung eines Vertrauten Adelheids beweisen. Diese hatte aber noch Einfluss genug, um Sandrad an das Kloster Weißenburg im heutigen Elsass weiterzuempfehlen, wo er zunächst Stellvertreter des Abts und dann 981 dessen Nachfolger wurde. Das Kloster Gladbach „rächte" sich drei Generationen lang auf seine Weise und trug Otto II. im Gegensatz zu Otto.I. (912–973) und Otto III. (983–1002) nicht in sein Totenbuch ein und verweigerte ihm so ein Gedächtnis im Gebet. Natürlich sind auch Erzbischof Warin und dessen Nachfolger Everger, der den Gladbacher Konvent zeitweise nach Köln verlegte, sowie Sandrads Nachfolger Meginhard dort nicht verzeichnet.

Schließlich konnte Sandrad 984 als späte Wiedergutmachung nach Gladbach zurückkehren. Er starb bald danach 985 oder 986 und wurde wahrscheinlich mitten in der von ihm erbauten Klosterkirche beigesetzt. Bei den dortigen Grabungen Hugo Borgers nach dem Zweiten Weltkrieg ist eine Platte ans Licht gekommen, die wahrscheinlich sein Grab abdeckte. Sie ist sehr einfach gestaltet und vermutlich eine Zweitverwendung. Sofort deutbare christliche Zeichen fehlen. Auf der Oberseite trägt sie ein Bandornament aus Kreisen, Quadraten und Strahlen. Das ist alles. Das Kloster war sparsam und wollte oder konnte sich keine aufwendige Grabplatte leisten, doch würdelos ist sie nicht.

Ende eines Streits: Die Pfarren Gladbach und Rheydt tauchen auf

Kurz vor dem Wechsel in ein neues Jahrtausend wurde der lange Streit der Bistümer Köln und Lüttich unter Erzbischof Everger beigelegt. Damals tauschte der Kölner Oberhirte die Pfarreien Gladbach und Rheydt gegen die von Venlo (heute niederländische Provinz Limburg), Tegelen (heute Statteil von Venlo) und Lobberich (heute Stadtteil von Nettetal), die damit zu Lüttich kamen. Das genaue Datum ist nicht festzustellen. In der Gründungsgeschichte heißt es lapidar, dass Everger zwei Kirchen gegen drei gab, was eigentlich ein schlechtes Geschäft war. Außerdem erfahren wir, er sei bald darauf gestorben. Sein Todesdatum kennen wir: Es ist der 19. Juli 999. Kurz davor muss also der Gebietstausch stattgefunden haben.

Als Rheydt, das in der Gladbacher Gründungsgeschichte erstmals auftaucht, in den 90er-Jahren des 20. Jahrhunderts eine Tausendjahrfeier begehen wollte, musste man mehr oder weniger willkürlich ein Jahr dafür festlegen. In der Quelle kommt die spätere Stadt damals in der Form *Reithe* vor. 1116 lesen wir in einer Urkunde *Reide*, und so oder so ähnlich bleibt es über Jahrhunderte. Für 1580 ist dann zum ersten Mal die buchstabenreiche barock-überschwängliche Schreibweise *Rheydt* belegt, wodurch sich die Stadt in jedem Schriftstück schon optisch von anderen gleich klingenden Ortsnamen wie etwa Reit im Winkl (Kreis Traunstein) unterscheidet.

Etwas einfacher als Rheydt hatte es Mönchengladbach mit seiner Tausendjahrfeier 1974, aber auch hier gab und gibt es ein kleines Problem. Wir wissen, dass Gero und Sandrad, wie es in der römischen Kalenderangabe lautet, um die Nonen des Monats Juli, also um den 7. Juli, in Gladbach ankamen. Nur fehlt das Jahr. Die Gründungsgeschichte sagt, dass sich die beiden Abgesandten Ottos II. kurz nach dessen Regierungsantritt im Mai 973 aufmachten, um nach Leichlingen zu reisen. Da der König zunächst andere Sorgen hatte, wird er sie frühestens im Juni losgeschickt haben. Dann werden die Abgesandten auch noch einige Wochen unterwegs gewesen sein. Wir erfahren aber nicht, von wo sie herkamen und können daher über die Reisedauer nichts Genaues ermitteln. Mit einer anderen Überlegung kommen wir vielleicht weiter: Nach der schriftlichen Überlieferung war der Bau in Leichlingen bei der Ankunft der Königsboten schon wahrnehmbar gewachsen. Da sich Sandrad noch bis Februar 973 in St. Gallen aufgehalten hatte, kann er frühestens im März in Leichlingen gewesen und der Bau nicht vor März begonnen worden sein, wenn nicht sogar später. Um den baulichen Fortschritt erkennen zu können, mussten bereits mehrere Monate ins Land gezogen sein. Deshalb werden die Emissäre vermutlich nicht vor August/September 973 dort vorgesprochen haben. Danach suchten Gero und Sandrad weiter und fanden die richtige Stelle im Juli des darauffolgenden Jahres 974. Auch das wird kein Zufall gewesen sein, lag der Termin doch nur eine Woche vor dem Vitusfest am 15. des Monats Juli, und Reliquien dieses Heiligen wollte Gero ja hier „entdecken".

Ein Verwirrspiel: Von Gladbach zu Mönchengladbach

In der Ende des 11. Jahrhunderts abgefassten Gründungsgeschichte wird das heutige Mönchengladbach als *Gladebach* bezeichnet. Es bedeutet soviel wie *glatter* oder *glänzender* Bach.

Genau das war der „am Fuß des Berges" vorbeifließende „kleine Bach", den Gero und Sandrad um den 7. Juli 974 gesehen hatten. Im Laufe der Zeit muss das *e* in der zweiten Silbe verschwunden sein, sodass die Ansiedlung ab dem 12. Jahrhundert *Gladbach* genannt wurde. Anfang des 14. Jahrhunderts erscheint der Ortsname gelegentlich mit dem Beiwort *Monich* oder *Munch*. Damit wird auf die dort lebenden Mönche hingewiesen. Warum dieser Zusatz? Grund war schon damals die Absicht, eine Verwechslung mit vielen anderen gleich oder ähnlich klingenden Ortschaften zu vermeiden. Dafür ein Beispiel: Als die Gladbacher Benediktinermönche 1300 in Rom um einen Ablass baten, fügten sie diesen „Vorspann" hinzu. Aber diese „Zutat" ist nicht konsequent durchgehalten worden, sodass wir nicht immer wissen, was sich hinter einer Erwähnung Gladbachs verbirgt.

Der bisher älteste Beleg für den Ortsnamen in der heutigen Form ist für 1683 in der Schreibung Mönchen-Gladbach belegt. Häufiger wird jedoch seit dem 18. Jahrhundert München Gladbach (gelegentlich auch mit Bindestrich) verwandt. Gleichwohl blieb es bis 1888 und in der heutigen Umgangssprache bei Gladbach. Doch hatten sich die Städte Bergisch Gladbach und Gladbach um 1840 darauf verständigt, wenn notwendig, zur Unterscheidung das niederrheinische Gladbach in der Form M.Gladbach erscheinen zu lassen. Als 1888 die Stadt kreisfrei wurde, hieß sie offiziell München-Gladbach. 1929 entstand dann die Stadt Gladbach-Rheydt, die nur bis 1933 bestand, worauf wir noch zurückkommen werden.

Wegen der vielen Verwechslungen, durch die Gladbach gelegentlich zu einem Ortsteil der bayerischen Hauptstadt werden konnte, nannte sich die Stadt ab 1950/51 Mönchen Gladbach, behielt aber die Schreibweise M.Gladbach bei. 1960 wurde schließlich durch Kabinettsbeschluss der Regierung des Landes Nordrhein-Westfalen die heutige Version Mönchengladbach festgelegt. Auch nach der kommunalen Neuordnung von 1975 blieb der heutige Stadtname.

Um die Lesbarkeit der vorliegenden Veröffentlichung nicht zu erschweren, wird nachfolgend der Bereich der heutigen Stadt mit Mönchengladbach und Alt-Gladbach einfach mit Gladbach bezeichnet.

Der Wald wird gerodet

Als Gero und Sandrad nach Gladbach kamen, „stießen sie auf einen unbewirtschafteten Berg, den dichter, schattiger Wald überzog", erzählt die Gründungsgeschichte. Das wird dichterische Ausschmückung sein. Sicher ist aber, dass nach dem Abzug der Römer im 5. Jahrhundert das Gebiet um Mönchengladbach wieder zu Weide, Wald und Steppe wurde. Wer auf eine moderne Mönchengladbacher Stadtkarte blickt, wird sofort eine Menge Rodungs- und Waldnamen entdecken: Beckrath, Bettrath, Gerkerath, Güdderath, Herrath, Hilderath, Mennrath, Wickrath, Waldhausen, Holt, Buchholz, Vorst, Hardt, Sasserath, Sittard, Wolfsittard, Herdt, Hehn, Wetschewell (Wald des Wetzel), Eicken, Geneicken, um die bekanntesten zu nennen. Sie legen Zeugnis ab von dem Abholzen der Wälder vom 10. bis zum Ende des 12. Jahrhunderts. Auch hinter dem Ortsnamen *Rheydt* verbirgt sich nichts anderes als *Rodung*.

Ein großes geschlossenes Waldgebiet lag im Mittelalter zwischen Hehn, Vorst, Beltinghoven, Rönneter und Engelsholt und wurde „Kammerforst" genannt. Er gehörte der (Wirtschafts-)Kammer der Abtei Gladbach. Die Anwohner durften ihn für ihren Bedarf an Brenn- und Bauholzholz nutzen. Der Kammerforst ist immer weiter gerodet worden, sodass er zu Anfang des 19. Jahrhunderts fast gänzlich verschwunden war. Ein weiteres großes Waldgebiet gab es in Hardt. Es war damals ebenfalls weitgehend einer Heidelandschaft gewichen. Auf die frühere Bedeutung der Forstwirtschaft für Hardt wies ab Mitte des 16. Jahrhunderts das Siegel des dortigen Schöffengerichts hin, das eine Rodungsaxt zeigt. Doch um die Mitte des 19. Jahrhunderts machte der Wald dort nicht einmal mehr 10 Prozent aus, wohingegen die Heidefläche auf mehr als ein Drittel der Gesamtfläche angewachsen war. Unter dem Hardter Bürgermeister Joseph van der Straeten (1817–1887) wurde um 1850 die Heide mit Kiefern bepflanzt und der Hardter Wald, das heute größte zusammenhängende Waldgebiet Mönchengladbachs, wuchs heran.

Ein Bauwerk von europäischem Rang:
Das Gladbacher Münster

In bildlichen Darstellungen seit dem 16. Jahrhundert ist stets das Münster als das überragende Bauwerk Gladbachs zu erkennen, und in Reiseberichten seit dem 17. Jahrhundert wird es besonders herausgestellt. Damals hatte es bereits viele Veränderungen hinter sich.

Der zu Zeiten Geros und Sandrads ab 974 errichtete erste Bau auf dem Gladbacher Hügel lag auf einer Terrasse am Südhang und nicht auf der höchsten Stelle, weil sie schon mit der Pfarrkirche besetzt war. In der Gründungsgeschichte wird diese Kirche als Ruine bezeichnet. Wir haben jedoch erfahren, dass man dies nicht allzu wörtlich nehmen muss. Die Nachricht ist Teil der vermutlich aus gutem Grund erfundenen Erzählung, Gero habe in der zerstörten Kirche Reliquien gefunden, die dort vor den Ungarn in Sicherheit gebracht worden seien. In einem unversehrten Gotteshaus hätte man ja nicht erst suchen müssen.

Um am Südhang bauen zu können, war es erforderlich, noch Sand anzuschütten. Das haben die Ausgrabungen von Hugo Borger Ende der 50er-Jahre des vergangenen Jahrhunderts ergeben. Die erste Kirche war „ein einfacher Kasten". Nach 1000 erhielt das Gotteshaus einen Turm im Westen. Hundert Jahre später wurde es durch einen Neubau ersetzt, von dem sich die stimmungsvolle dreischiffige Krypta heute noch erhalten hat. Um 1170/80 entstand an gleicher Stelle der dritte Bau mit einem rechtwinkligen, wuchtigen Turm, in dem die Abtskapelle mit einem gewaltigen Kuppelgewölbe Platz fand. Sie lässt die Kenntnis der in Ostrom gepflegten Baukunst erahnen. Im architektonischen Rang steht sie der Kaiserloge im Dom zu Speyer kaum nach. In ihr ist heute die Orgel untergebracht, die ein wenig die Wirkung der Kapelle als großartig gestaltetem Raum beeinträchtigt. Der dritte Bau wurde in seiner ursprünglichen Planung nicht vollendet, weil dem nicht besonders begüterten Kloster das Geld ausgegangen war. Die Kirche blieb daher für etwa fünf Jahrzehnte ein Torso. Dann ließ zu Anfang des 13. Jahrhunderts Abt Gerhard weiterbauen.

Das von ihm begonnene Langhaus mit drei Schiffen blieb wiederum unvollendet. Gerhards Nachfolger, Abt Dietrich, wagte schließlich um 1256, den genialen Planer des gotischen Doms zu Köln, Meister Gerhard, mit einem Entwurf für das Gladbacher Münster zu beauftragen. Die Idee des „Stararchitekten" seiner Zeit (H. Borger), einen Chor in der Formensprache der gotischen Kathedralen des Nachbarlandes Frankreich zu erbauen, wurde verwirklicht. 1275 weihte der aus Köln kommende deutsche Kirchenlehrer Albert der Große (um 1193–1280) den Hauptaltar. Die Weiheurkunde hat sich erhalten.

Gerhard, der Architekt des Chors des Münsters, ist im Gladbacher Totenbuch unter dem 23. April als *Gerardus lapicida de summo* (Gerhard Dombaumeister) eingetragen. Damit wurde ihm eine besondere Ehre zuteil. Die Vollendung des Gladbacher Baus hat er nicht mehr erlebt, da er 1260 gestorben ist. Von der mittelalterlichen und der späteren barocken Ausstattung des Münsters hat sich nicht viel erhalten. Überragend aus dem „alten Bestand" ist aber das um 1270 geschaffene Bibelfenster im gotischen Chor, das zu den am besten erhaltenen mittelalterlichen Fenstern im Rheinland zählt.

Das Gladbacher Münster gilt als ein Bauwerk von europäischem Rang. Neben dem Aachener Dom ist es das wichtigste kirchliche Gebäude im Bistum Aachen. Es dient heute als Pfarrkirche, nachdem seit 2005 die frühere Pfarrkirche am Markt wegen des Mangels an Priestern nicht mehr ständig für Gottesdienste genutzt wird. Diese steht jetzt den Menschen in der Innenstadt mit einem eigenen Programm unter den Leitworten „Stille, Gebet, Begegnung und Kultur" offen.

Die Mutter aller Kirchen: Die Gladbacher Pfarrkirche

Die Gladbacher Pfarrkirche am Markt war die „Mutterkirche" für die Bewohner des Gladbacher Territoriums. Alle mussten bis zum Anfang des 19. Jahrhunderts zu diesem Gotteshaus gehen, um an der Messe teilzunehmen, die Kinder taufen und die Ehen einsegnen zu lassen.

Eine eigene Entwicklung nahm Hardt. Seine Kirche wird

Abteiberg mit Hauptpfarrkirche, Abtei und Münster. – Lithografie von Robert Geissler um 1876.

im 14. Jahrhundert zum ersten Mal erwähnt. Damals stand sie aber noch in Abhängigkeit zur Mutterpfarre Gladbach. Erst ab dem 17. Jahrhundert wurden in der Hardter Kirche Kinder getauft. Hatten vorher noch Weltpriester Hardt versorgt, so übernahmen zu Ende des 17. Jahrhunderts wohl aus finanziellen Gründen Gladbacher Benediktiner als Pfarrer die Seelsorge. Damit war die Kirche wieder enger mit der Abtei verbunden. Ähnlich ist es der Gladbacher Pfarrkirche schon viel früher ergangen. Sie bewahrte bis in die Mitte des 13. Jahrhunderts, also fast dreihundert Jahre lang, ihre Unabhängigkeit vom Kloster, ehe ihm das Vermögen und die Besetzung der Pfarrstelle zugebilligt wurden. Aber danach vergingen noch einmal mehr als fünfzig Jahre, bis die Gladbacher Benediktiner die Seelsorge selbst übernahmen.

Das von der Pfarrkirche weit abgelegene Neuwerk nutzte zu Anfang der französischen Zeit die Chance, eine eigene Pfarre zu erhalten „gegen die Gladbacherischen Einwendungen", wie es damals hieß. 1804 wurde die Abtrennung rechtens. Auch Hehn, dessen katholische Bewohner eine Stunde nach Gladbach zu Fuß gehen mussten, um zur Kirche zu kommen, versuchte unermüdlich, ab den 20er-Jahren des 19. Jahrhunderts eine eigene Pfarre zu gründen. Zunächst schien es, ein frommer Wunsch zu bleiben. Doch die Hehner gaben nicht auf: 1858 hatten sie ihr Ziel erreicht, nachdem sie schon fünf Jahre zuvor ein eigenes Rektorat bekommen und sich ihre Kirche weitgehend selbst erbaut hatten.

Ab den 60er-Jahren des 19. Jahrhunderts begann eine „Auspfarrungswelle": Sechs weitere Pfarreien waren schließlich bis zum Beginn des 20. Jahrhunderts errichtet worden. Sie hatten alle einmal zur Hauptpfarre, wie sie jetzt genannt wurde, gehört. Bei fünf der selbstständig gewordenen Kirchengemeinden wurde dies durch ihre Namen dokumentiert: Neuwerk, Hehn, Lürrip, Venn und Eicken trugen wie die Gladbacher Pfarrkirche ein Marienpatrozinium, das im 19. Jahrhundert sowieso besonders populär war. Dann folgten noch zwei Kirchen, deren Patrone in enger Beziehung zu Maria stehen: Windberg (St. Anna) und Hermges (St. Josef). Erst 1901 endete der Marienzyklus, als die Kirche in Pesch „modisch" dem Herzen Jesu geweiht wurde.

Dass auch in Rheydt im 19. Jahrhundert eine Marienkirche bestand, hat nichts mit Gladbach zu tun. Zunächst führte sie, wie oben erwähnt, ein Alexander-, dann im 18. Jahrhundert ein Nepomukpatrozinium.

Noch mehr Kirchen

Im Gebiet der heutigen Stadt Mönchengladbach gab es im Mittelalter acht Pfarrkirchen. Das mag auf den ersten Blick wenig erscheinen, aber die Besiedlung war dünn und die Bevölkerungszahl niedrig. Sie nahm zwar durch die Neulandgewinnung zu, lag aber am Ende des Mittelalters um das Jahr 1500 immer noch unter 10 000. Die Pfarrbezirke waren groß, was zur Folge hatte, dass nur die in deren Nähe wohnenden Pfarrangehörigen kurze Wege zurücklegen mussten, um an den kirchlichen Feiern teilzunehmen. Die meisten gingen bis zu einer Stunde, ehe sie ihr Gotteshaus erreicht hatten.

Die acht alten Kirchen im heutigen Mönchengladbacher Gebiet werden bis zum 12./13. Jahrhundert vollendet gewesen sein. Das fällt mit dem Zeitpunkt zusammen, als die „planmäßige und stetige Vergrößerung der Ackerfläche durch Rodung und Kultivierung wüster Bruchgebiete" (W. Janssen) abgeschlossen und wegen des Bevölkerungsüberschusses neue Seelsorgestationen geschaffen werden mussten. In diesem Zeitraum entstehen die Kirchen in Rheindahlen, Odenkirchen und Giesenkirchen sowie die von Wickrathberg und Wanlo. Die ältesten Kirchen hatten Gladbach (10. Jahrhundert) und Rheydt (vor 1000). Einen Sonderfall bildet Wickrath.

Wickrath

Der Beleg für die Anfänge der Kirche in Wickrath ist in Stein gemeißelt: Am Turmportal des im Zweiten Weltkrieg zerstörten Gebäudes war eine Inschrift angebracht, die auf seine Entstehung im Jahr 1200 und seine Weihe fünf Jahre später hinwies. Ob es das erste Gotteshaus gewesen ist, wissen wir nicht genau. Vielleicht gab es einen Vorgängerbau. Diese Vermutung hängt damit zusammen, dass die Wickrather Kirche ein Salvatorpatrozinium hatte. Das könnte ein Hinweis auf einen Zusammenhang mit der Abtei Prüm sein, die ebenfalls *Salvator*, dem Erlöser geweiht war. Da das Eifelkloster im 9. Jahrhundert im Umkreis von Wickrath, in Rheindahlen, Wanlo, Keyenberg und Jüchen Güter besaß, ist nicht auszuschließen, dass es hier schon damals eine Kirche gegründet und ihr den Namen ihres Patrons gegeben hat. Wenn dies zutrifft, dann gehört Wickrath wie Gladbach und Rheydt in die Reihe der Orte mit den frühesten Kirchen in Mönchengladbach.

Rheindahlen

Anders als in Wickrath liegt für Rheindahlen kein schriftlicher Nachweis für das Alter der Pfarrei vor. Im 12. Jahrhundert wird aber wohl schon eine Pfarrkirche bestanden haben. Dafür sprechen die Ergebnisse einer baugeschichtlichen Untersuchung an ihrem heutigen Westturm sowie der Grabungen in der Kirche

Die alte Wickrather Pfarrkirche um 1900.

während des Erweiterungsbaus von 1911 bis 1914. Vielleicht war sie eine so genannte Eigenkirche des Kölner Stifts Maria im Kapitol, das umfangreichen Grundbesitz in Rheindahlen hatte und einen südwestlich der Kirche gelegenen Hof sein Eigen nannte, der bereits vor der Mitte des 12. Jahrhunderts existierte. Die Vermutung, die Kirche sei eine Eigenkirche gewesen, wird dadurch gestützt, dass Maria im Kapitol, schon bevor ihm die Kirche 1330 mit allen Rechten und Einkünften einverleibt wurde, dort das für Eigenkirchen typische Recht wahrnahm, einen geeigneten Kandidaten für die Pfarrstelle zu benennen.

Geweiht war die Rheindahlener Kirche der hl. Helena († um 336), der Mutter des ersten christlichen Kaisers Konstantin († 337). Wie kam sie zu dieser Patronin? Steckte vielleicht Sandrad dahinter? Dieser hatte in Trier gelebt, wo die Kaisermutter Helena den Dom gegründet haben soll. Ging die Verehrung deshalb auf ihn zurück? Das ist nicht ganz von der Hand zu weisen. Bis zum Ende des 10. Jahrhunderts gehörten Gladbach wie Rheindahlen zum Bistum Lüttich und waren noch nicht durch eine Diözesangrenze voneinander getrennt. Außerdem erscheint Helena auch im „Gladbacher Sakramentar", einer um 1060 angefertigten Handschrift, die damit einen sehr frühen Beleg für die Helenaverehrung in Gladbach enthält. Sie ist älter als die in Xanten und Köln, die im 12. Jahrhundert beginnt.

Sollte das Helenapatrozinium in Rheindahlen tatsächlich auf die Gladbacher Benediktiner zurückgehen, so bedeutet dies freilich nicht zwingend, dass schon zu Zeiten Sandrads, im 10. Jahrhundert, die Kirche erbaut worden ist. Man kann sich auch später auf Helena zurückbesonnen haben, von der außerdem eine Reliquie im Gladbacher Reliquienschatz nachweisbar ist. Doch wissen wir nicht, wann sie nach dort gekommen ist. Auf jeden Fall ist nicht gänzlich auszuschließen, dass das Rheindahlener Helenapatrozinium in Zusammenhang mit der frühen Verehrung der heiligen Kaiserin in der Abtei Gladbach zusammenhängt.

Odenkirchen

Auch für das Odenkirchener Gotteshaus liegt wie im Fall Rheindahlen kein frühes schriftliches Zeugnis vor. Urkundlich wird es kurz vor der Mitte des 13. Jahrhunderts, 1243, genannt. Da aber der erste Bau der Kirche baugeschichtlich bereits auf das 12. Jahrhundert mit einer späteren Erweiterung durch einen Turm um 1200 anzusetzen ist, muss sie zu diesem Zeitpunkt bereits länger bestanden haben. Sie gehört damit ebenfalls zu den frühen Mönchengladbacher Kirchen, lag im Erzbistum Köln und war Maria geweiht. Heute ist an ihre Stelle der hl. Laurentius als Pfarrpatron getreten. Warum und wann, wissen wir nicht genau. Es scheint gegen Ende der konfessionellen Auseinandersetzungen in Odenkirchen im 17. Jahrhundert, auf die wir noch zurückkommen werden, geschehen zu sein.

Giesenkirchen

Dem Kölner Kanonikerstift St. Gereon gehörte der größte Teil des Grundbesitzes in Giesenkirchen und das Recht, die Pfarre zu vergeben. 1150 machten die Kanoniker den Pfarrangehörigen ein Geschenk, wie wir aus einer damals ausgestellten Urkunde erfahren. Die Giesenkirchener erhielten eine Abgabe, Zehnt genannt, die dem Stift „von einem Stück neu gewonnenen Land im Kirchspiel zukam" (N. Becker). Aber St. Gereon verlangte eine Gegenleistung: Die Giesenkirchener sollten ab jetzt die Baulast für das Kirchendach und den oberen Teil der Kirche übernehmen. Der Historiker Norbert Becker vermutet, dass seinerzeit eine neue Kirche entstanden ist, deren Unterhalt das Stift nicht mehr allein tragen wollte. Selbst der Name des damaligen Pfarrers von Giesenkirchen ist bekannt. Er hieß Walter, lebte wahrscheinlich anderswo und strich „nur die Einkünfte der Pfarrstelle" ein, „während sein Stellvertreter vor Ort die Seelsorgeaufgaben wahrnahm". Dieses Übel wollte man nun beheben: Die Einkünfte der Pfarrei sollten nur dem in Giesenkirchen lebenden Pfarrer zukommen. Spätestens im 14. Jahrhundert war jedoch der Missstand wieder eingerissen. Der Grund dafür lag darin, dass Giesenkirchen zu den einträglichsten Pfarreien im Kölnischen Dekanat Bergheim gehörte. Somit lohnte es sich, dort nominell Pfarrer zu sein und einen schlecht bezahlten „Ersatzmann" einzusetzen.

Wickrathberg und Wanlo

Der Ort Wickrathberg, der anders als Wickrath zum Erzbistum Köln zählte, ist im 12./13. Jahrhundert besiedelt worden. Ob er sofort eine Kirche besessen hat, bleibt im Dunkeln, bis 1220 erstmals eine erwähnt wird. Noch jünger als die Kirche in Wickrathberg mag die von Wanlo sein, die ebenfalls in der Kölner Erzdiözese im Dekanat Bergheim lag und 1330 erstmals in einem Kölner Pfarrverzeichnis erscheint. Wann sie gegründet worden ist, lässt nicht genau festzustellen. Im 13. Jahrhundert soll hier jedenfalls eine dreischiffige Pfeilerbasilika erbaut worden sein.

Die Klöster

Neuwerk

Mönchengladbach beherbergte im Mittelalter sechs Klöster. Die erste Neugründung hängt eng mit der Geschichte der Gladbacher Benediktinerabtei zusammen. Es handelt sich um das Benediktinerinnenkloster Neuwerk, das urkundlich erst 1135 auftaucht, aber älter ist. Seine Anfänge liegen in der Gladbacher Abtei, der einmal Männer und Frauen angehört hatten. In einem solchen Fall sprechen die Historiker von einem Doppelkloster. Um 1090 werden die weiblichen Mitglieder nach Neuwerk, das damals noch Kranendonk hieß, umgezogen sein. Der heutige Stadtteil Neuwerk hat erst im 19. Jahrhundert den Namen des Klosters übernommen.

Bis zum 14. Jahrhundert blieben die Nonnen in Neuwerk noch in starker Abhängigkeit von der Abtei. Dann begann ein Ablösungsprozess: Im 15. Jahrhundert stritten sich beide Konvente um den Besitz einer Mühle, was für eine zunehmende Selbstständigkeit des Frauenklosters spricht. 1466 schlossen sich die Neuwerkerinnen der Bursfelder Reform an, wodurch

Kloster und Klosterkirche Neuwerk. – Postkarte um 1900.

offenbar wird, dass sie endgültig einen eigenen Weg eingeschlagen hatten. Die Abtei Gladbach trat erst 44 Jahre später dem Bursfelder Klosterverband bei, und das nach erheblichen internen Auseinandersetzungen.

Wie die Abteikirche, so ist auch die mittelalterliche Neuwerker Klosterkirche eines der herausragenden mittelalterlichen Baudenkmäler in der Stadt Mönchengladbach. In Neuwerk ist der dritte Bau der Kirche weitgehend erhalten geblieben. Er wurde um 1175 begonnen und gilt als ein edles Beispiel der rheinischen Baukunst zur Zeit des deutschen Königsgeschlechts der Staufer.

Beginen in Gladbach

Die weiteren Klostergründungen im mittelalterlichen Mönchengladbach liegen alle erheblich später. Im 14. Jahrhundert werden für Gladbach Beginen erwähnt, Frauen, die ähnlich wie Mitglieder eines geistlichen Ordens zusammenlebten, aber jederzeit die Gemeinschaft verlassen konnten. Wo die Beginen angesiedelt gewesen sind, ist allerdings ebenso unbekannt wie das Entstehungsdatum und die Größe des Konvents.

Rheydt

Besser sind wir über den Schwesternkonvent in Rheydt unterrichtet. 1426 gab es in Rheydt eine Klause, die wohl ein Aufenthaltsort für einige geistliche Schwestern war. Sieben Jahre später stand sie aus unbekannten Gründen leer. Danach übernahm sie Adelheid van Kempen, die einige Frauen um sich versammelt hatte, die in Klausur lebten. Der Kölner Erzbischof genehmigte die Gründung. Die Schwestern richteten sich nach der franziskanischen Drittordensregel. Als Patron ihrer Gemeinschaft wählten sie den hl. Papst Alexander, dem auch die Rheydter Kirche geweiht war. Da sie keine eigene Kapelle besaßen, nahmen sie am Gottesdienst in der Pfarrkirche teil.

Die alte Pfarrkirche in Rheydt um 1880.

Rheindahlen

Wie in Rheydt entstand auch in Rheindahlen ein Schwesternkonvent, der nach der franziskanischen Drittordensregel lebte.
1433 ist er zum ersten Mal erwähnt, scheint aber älter zu sein.
Er ist vielleicht aus einem Beginenhaus hervorgegangen und
hatte die hl. Katharina als Patronin.

Kreuzherren in Wickrath

In Wickrath entstand 1491 ein Kloster. Es geht auf Heinrich von Hompesch zurück, über den wir später noch mehr erfahren werden. Er rief Kreuzherren nach Wickrath, die den hl. Eremiten Antonius zum Klosterpatron erwählten. Ihr Orden war zu Anfang des 13. Jahrhunderts in Huy an der Maas im heutigen Belgien gegründet worden. Er breitete sich in den Niederlanden, in Frankreich, England und Deutschland weiter aus. Warum Heinrich von Hompesch die Kreuzherren, die im 15. Jahrhundert eine Blüte erlebten, nach Wickrath holte, ist nicht in Einzelheiten bekannt. Es ist zu vermuten, dass dahinter das Renommee des Ordens stand, der religiöse Reformen forderte und sich der so genannten *Devotio Moderna* geöffnet hatte. Eines der bekanntesten Werke dieser Reformbewegung ist das Buch „Die Nachfolge Christi" des 1471 verstorbenen Thomas von Kempen. Kein Geringerer als der Humanist und Reformer Erasmus von Rotterdam (1464/69–1536) ist in einer Schule der Devotio Moderna unterrichtet worden.

Kapuziner

Die einzige Klostergründung in der Frühen Neuzeit war die der Kapuziner in Gladbach. Dort hatten die Benediktiner eifrig darüber gewacht, keine Konkurrenz zu bekommen. Nur mit großen Mühen gelang es im 17. Jahrhundert dann doch den Kapuzinern, sich hier anzusiedeln. Sie erhielten einen Bauplatz in der Nähe der Stadtmauer, legten 1660 den Grundstein zu einer einfachen, dem hl. Joseph geweihten Kirche und erbauten ein bescheidenes Kloster. Heute erinnert an sie nur noch der Kapuzinerplatz.

So etwas wie eine „Klosterlandschaft" hat es in Mönchengladbach also weder im Mittelalter noch in der Frühen Neuzeit gegeben. Erst im 19. Jahrhundert änderte sich das grundlegend, als ab den 50er-Jahren viele Schwesternkongregationen und andere religiöse Vereinigungen Klöster im Mönchengladbacher

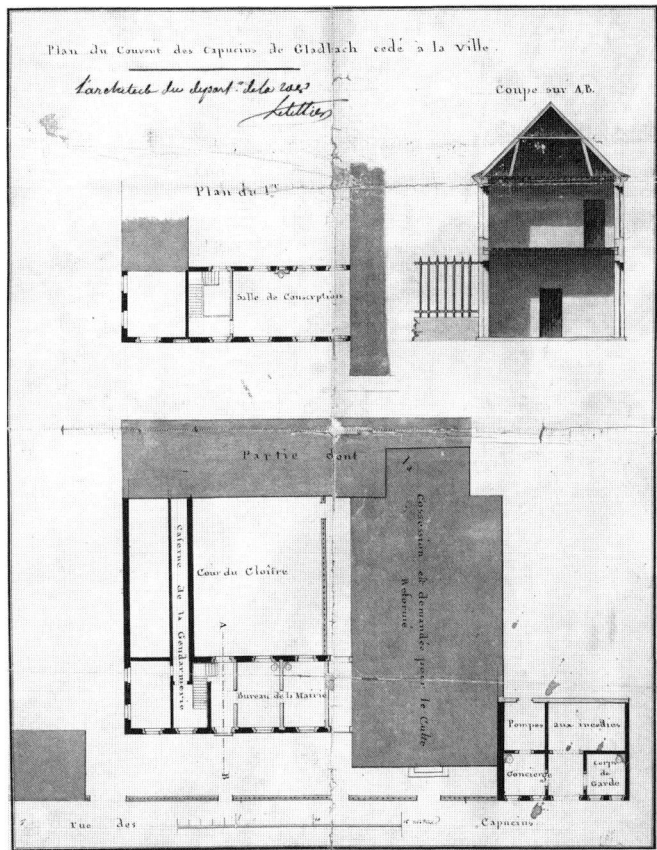

Nach der Säkularisation 1802 entstandener Grundriss des Gladbacher Kapuzinerklosters.

Gebiet gründeten. Als einer der „alten Orden" siedelten sich 1889 die Franziskaner in Gladbach an, wo bis heute ein kleiner Konvent erhalten geblieben ist.

Städte entstehen: Rheindahlen und Gladbach

Rheindahlen

Die Rheindahlener hat es schon immer gefreut, dass ihr Ort etwas früher Stadtrechte als Gladbach verliehen bekommen hat. Bei beiden Gemeinden stand die Stadtwerdung am Ende einer langen ähnlichen Entwicklung, die im 14. Jahrhundert endete. Sie waren über die Gerichtsherrschaft Bestandteil der Markgrafschaft und wenig später des Herzogtums Jülich geworden.

Am 27. Juni 1354 verlieh Markgraf Wilhelm von Jülich „seiner Stadt" Rheindahlen die Befreiung von vielerlei Steuern und Abgaben, gewährte ihr eine Verbrauchssteuer auf Wein, Bier, Getreide und andere Waren, Akzise genannt, und versah sie mit den Einkünften aus dem Wegegeld, das jeder einspännige Karren, der in die Stadt fuhr, zu zahlen hatte. Außerdem schenkte er der Gemeinde Grund und Boden. Das geschah nicht uneigennützig, denn dafür verpflichteten sich die Rheindahlener, die Stadt mit einer Mauer zu umgeben und diese zu unterhalten. Die Stadterhebung ist im Zusammenhang mit der Sicherung des Nordteils des jülichscher Territoriums zu sehen. Vier Tage zuvor hatte der Markgraf in Rheindahlens Nachbarschaft die Burg Gripekoven unter Mithilfe einiger Ritter aufgrund eines Landfriedensbündnisses einnehmen und zerstören lassen. Gripekoven, das heute im Gebiet der Stadt Wegberg liegt und von dessen Burg nur noch spärliche Reste zu sehen sind, galt als Räubernest. Von dort aus betrieben Goswin und Arnold von Zevel mit anderen Kumpanen ihre Raubzüge, unter denen hauptsächlich Kaufleute aus Brabant zu leiden hatten. Die Klagen waren bis zum Kaiser gedrungen. Markgraf Wilhelm musste etwas tun, deshalb belagerte er die Burg, nahm sie ein und machte sie dem Erdboden gleich. Danach hoffte er, dass ihm mit dem Ausbau Rheindahlens zum militärischen Stützpunkt solche Verwicklungen zukünftig in diesem Gebiet erspart blieben.

Eine Einrichtung gemeindlicher Selbstverwaltung besaß Rheindahlen bereits vor der Stadtrechtsverleihung, denn es bestand mindestens schon vor 1327 ein eigenes Schöffengericht. Spätestens seit 1339 führte dieses Gremium ein eigenes Schöffensiegel. Es zeigte die Rheindahlener Kirche in der Mitte und davor einen kleinen Dreiecksschild mit dem jülichschen Löwen. Es diente als Vorbild des zu Anfang des 19. Jahrhunderts geführten Stadtwappens.

Gladbach

Auch Gladbach wurde vermutlich zum Schutz der jülichschen Nordgrenze im 14. Jahrhundert zur befestigten Stadt ausgebaut. Nur besitzt es keine Stadtrechtsurkunde, und der vor dem Ersten Weltkrieg unternommene Versuch des bewährten Stadthistorikers Ernst Brasse, die Stadtrechtsverleihung auf 1350 festzulegen und damit Rheindahlen auf den zweiten Platz zu verweisen, erwies sich als Irrweg. Richtig aber bleibt, dass die Entwicklung zur Stadt in Gladbach sehr viel früher als in Rheindahlen eingesetzt hat. So lassen sich hier etwa schon um 1190, etwa 300 Jahre vor Rheindahlen, ein Markt, mindestens zweihundert Jahre früher ein Rathaus und fast zweihundert Jahre eher, 1183, Schöffen nachweisen. Ihr Siegel kennen wir seit dem 14. Jahrhundert in zwei Versionen: Das ältere zeigt den bekrönten Löwen der Grafen von Kessel, die 1304 ausgestorben sind. Das zweite bildet ebenfalls einen Löwen ab, allerdings ohne Krone. Dieser ist somit das Wappentier der Grafen von Jülich, die Erben der von Kessel wurden. Durch diesen Wechsel im Schöffensiegel wird der Übergang des Gladbacher Territoriums von der einen auf die andere Herrscherfamilie klar sichtbar gemacht.

Heute nimmt man an, dass Gladbach um 1360 Stadtrechte bekommen hat, denn in einer Gladbacher Urkunde nennen die Schöffen 1366 ihren Ort „Stadt". Das war etwas Neues. 19 Jahre zuvor, 1347, wurde Gladbach noch Dorf genannt. Aber schon zu diesem Zeitpunkt hob es sich neben dem ebenfalls in der Urkunde von 1347 erwähnten Dorf Aldenhoven

Gladbach wird zum ersten Mal Stadt (*„opidum"*) genannt. – Urkunde von 1366, Staatsarchiv Düsseldorf.

(heute Kreis Düren) aus der Masse der anderen Dörfer im jülichschen Territorium hervor. Es wird nämlich ausdrücklich zusammen mit der Ritterschaft und einigen Städten zu Rate gezogen, als Markgraf Wilhelm und sein Sohn um die Zustimmung beim Verkauf einer aus Landeseinkünften gespeisten Rente bitten. Gladbach schien also schon so wichtig zu sein, dass man es bei einer finanziellen Transaktion ins Vertrauen zog.

Aber was sagte der Gladbacher Abt zur Stadtwerdung? Glücklich darüber kann er nicht gewesen sein, da ihm Rechte entzogen wurden und sich die Gladbacher aus der Abhängigkeit von ihm langsam lösten. Das soll an einigen Beispielen verdeutlicht werden: Nach dem Aussterben der Grafen von Kessel, die Vögte der Abtei gewesen waren und damit die Aufgabe des Schutzes und die Vertretung in weltlichen Gerichtsangelegenheiten wahrgenommen hatten, bauten ihre Erben, die Grafen und späteren Herzöge von Jülich, diese Rechte ab Anfang des 14. Jahrhunderts zur Landesherrschaft aus. Deshalb entstand neben dem vom Abt berufenen Schöffenkollegium ein mit diesem konkurrierender Stadtrat. 1405 tauchen zum ersten Mal Bürgermeister auf. Ihre Stellung ist zunächst noch nicht so stark wie die der Schöffen. Aber im 15. Jahrhundert haben sie diesen den Rang abgelaufen. Es ist vermutlich kein Zufall, dass etwa gleichzeitig die Stadt erstmals ein eigenes Siegel mit dem hl. Vitus, dem Patron der Abtei, und zusätzlich dem jülichschen Löwen als Zeichen des Landesherrn führt.

Keinen Einfluss hatte der Abt auf die Verwaltung der in den letzten Jahrzehnten des 14. Jahrhunderts nachweisbaren Einnahmen aus den indirekten Steuern (Akzise) und dem Wegegeld, welche die Stadt unter anderem für den Unterhalt der Mauern und die Gehälter des Stadtsekretärs und des städtischen Schulmeisters benötigte. Am Abschluss dieses Prozesses im 15. Jahrhundert trat die Stadt gegenüber dem Abt als gleichberechtigter Partner auf.

Ein Streit ums Bier

Als ein Zeichen des gewachsenen Selbstbewusstseins der Gladbacher muss man den Streit um die so genannte Grutsteuer sehen. Dabei handelte es sich um eine Abgabe, welche die Brauer an den Abt als Grundherrn zahlen mussten. Grut heißt eine Pflanze, die beim Bierbrauen verwendet wurde. Die Gladbacher Brauer ersetzten sie Mitte des 15. Jahrhunderts durch Hopfen, der nicht so leicht wie Grut verderben konnte und herber schmeckte. Damals verlangten in Gladbach einquartierte Reitersoldaten nach dem modisch gewordenen Getränk. Da Hopfen ja nicht Grut war, stellten die Brauer die Zahlungen ein. Dem Abt blieb nichts anderes übrig, als das Hauptgericht in Jülich anzurufen, da er in Gladbach beim Schöffengericht keine Unterstützung fand. In Jülich entschied man, auch mit Hopfen gebrautes Bier müsse versteuert werden und zwar etwas höher als das mit Grut. Damit wurde das Grutbier billiger, aber da es außer Mode geraten war und schlechter schmeckte, hatte es keine Zukunft mehr.

Gladbacher „Zweiherrigkeit"

Neben der Biersteuer gab es eine weitere Abgabe, den Palmzins, der an die Abtei wegen Nutzungsrechten in ihren Wäldern gezahlt werden sollte. Darüber kam es zwischen ihr und der städtischen Verwaltung im 15. Jahrhundert zu Streitigkeiten. Schließlich setzte sich auch hier der Abt gegen Bürgermeister, Rat und Schöffen durch. Immer wieder musste er betonen, Gladbacher „Erbgrundherr" zu sein, und Vorkehrungen treffen, damit seine Rechte nicht weiter eingeschränkt wurden. Aber letztlich hat er den Kampf verloren: Sein Einfluss ging unaufhaltsam zurück. Doch hat er bis zum Untergang des Alten Reichs großen Wert darauf gelegt, dass Bürgermeister, Schöffen und Neubürger nicht nur auf den Landesherrn, sondern auch auf ihn den Eid ablegten. Das hatte zwar mehr symbolische Bedeutung, aber es machte die von ihm verteidigte Gladbacher „Zweiherrigkeit" offensichtlich.

Nach Gladbach pilgern: Die „Heiligtumsfahrt"

Vergleicht man Gladbach mit Rheindahlen im Mittelalter, so fällt auf, dass Gladbach zwar ein wenig später Stadt geworden ist, aber von Anfang an eine viel bedeutendere wirtschaftliche Stellung als Rheindahlen eingenommen hat, das agrarisch geprägt blieb. Gladbach hingegen hatte Kaufleute, die sich im Fernhandel betätigten, und Gladbacher Maße und Gewichte galten in der Umgebung. Ferner nahm die Abtei durch einige von ihr versorgte Kirchen am Niederrhein und ansehnlichen Besitz auch außerhalb des städtischen Territoriums zentrale Funktionen wahr. Außerdem machte sich das Kloster wegen der Pflege des religiösen Kults und der Wissenschaften einen Namen weit über die Grenzen der Stadt hinaus.

Durch die Ausstellung der in der Abteikirche aufbewahrten Reliquien während der so genannten Heiligtumsfahrt, die 1456 erstmals auftaucht, erhielt Gladbach eine zusätzliche Attraktion. Spätestens seit dem 16. Jahrhundert folgte Gladbach dem Siebenjahresrhythmus der Aachenwallfahrt, wodurch die Pilgerströme den Weg über Gladbach genommen haben werden. Welche große wirtschaftliche Bedeutung das hatte, kann man sich denken.

Insgesamt wurde Gladbach durch seine vielen zentralen Funktionen aus dem Kreis der umliegenden Gemeinden hervorgehoben. Diesen obersten Platz konnte ihm niemand mehr streitig machen, zumal es auch an Bevölkerung die anderen ausstach. Somit liegt die Namensgebung Mönchengladbach für die heutige Stadt schon im Mittelalter begründet, da man 1975 den Namen der größten unter den drei zusammengeschlossenen Kommunen auswählte.

Burg und Herrlichkeit Odenkirchen von Nordwesten um 1680. – Gemälde von Gebhard Schwermer, nach einem Detail eines Wandteppichs auf Schloss Westerloo der Fürsten von Merode in Belgien.

Mittelalterliche Migranten: Lombarden und Juden

Ein Indiz für die wirtschaftliche Bedeutung Gladbachs im Mittelalter ist ohne Zweifel die Zuwanderung oberitalienischer Kaufleute, nach ihrer Herkunft aus der Lombardei Lombarden genannt. Sie bestritten ihren Unterhalt durch Geldwechsel und Geldverleih und standen wegen ihrer kurzfristigen hochverzinslichen Kredite außerhalb der politischen und religiösen Gemeinschaft. Ein erster Lombarde mit Namen Godefrid taucht 1338 auf. Er kam aus dem benachbarten Dülken (heute Stadtteil von Viersen) und hatte Anteil an einem Haus in Gladbach. Godefrid wird nicht in Gladbach gelebt haben. Sicher ist aber, dass zwölf Jahre später dort mehrere Lombarden als Bewohner anzutreffen sind.

Noch vor den Lombarden waren 1324 Juden in Gladbach als Kreditgeber ansässig. Wo sie herkamen, wissen wir nicht. Vielleicht stammten sie aus Köln, wo sie ab dem 12. Jahrhundert nach Untergang ihrer Gemeinde in der Völkerwanderungszeit wieder nachweisbar sind. Möglicherweise zogen einige von ihnen nach Gladbach weiter, als sich ein wirtschaftlicher Aufschwung im Zusammenhang mit der Stadtwerdung abzeichnete. Sie siedelten sich vor der Befestigung des Orts an, besaßen aber 1346 am Markt eine Schule, die wahrscheinlich auch die erste Synagoge gewesen ist. Wegen des Unterhalts einer eigenen Schule oder Synagoge wird die jüdische Gemeinde nicht nur aus zwei oder drei Familien bestanden haben. Während der Judenverfolgung in den Jahren 1348/49 ging die jüdische Gemeinde weitgehend unter. Die Erinnerung an sie blieb erhalten, denn eines der Stadttore hieß noch über hundert Jahre später Judentor, weil davor außerhalb der Stadtmauer die jüdische Siedlung gestanden hatte.

In einem weiteren Mönchengladbacher Stadtteil, in Odenkirchen, ist etwa gleichzeitig mit der Ansiedlung der Juden in Gladbach ein Jude erwähnt. 1346 wird *Meygerus* als Jude von Odenkirchen bezeichnet. Eine jüdische Gemeinde bestand dort aber nicht. Der Odenkirchener Jude wird dort allein mit seiner Familie gelebt haben. Sein Name leitet sich wohl von dem hebräischen Wort Meir, d. h. Erleuchteter, ab. In anderen Teilen Mönchengladbachs sind im Mittelalter keine Juden nachweisbar.

Von Burgen und Rittern

Odenkirchen

Mittelalterliche Urkundenfälschungen sind gang und gäbe. Auch Mönchengladbach ist davon betroffen. So stellt etwa der erste Beleg für Odenkirchen, der angeblich aus dem Jahr 1028 stammen soll, ein Falsifikat ohne echten Kern dar. Die gefälschte Urkunde ist im zweiten Viertel des 12. Jahrhunderts angefertigt worden. Bereits zuvor, 1107, sind Hermann und Arnold als Grafen von Odenkirchen überliefert. Sie gehörten zu den Edelvasallen der Kölner Erzbischöfe. Das waren jene vornehmen Familien, auf die sich diese stützten, um ihre Herrschaft zu sichern. Zu ihnen gehörten die von Are, Berg und Jülich. Nach dem Aussterben der Odenkirchener Grafen Mitte des 12. Jahrhunderts übernahmen den Ort kölnische Dienstmannen, die auf der 1153 erstmals erwähnten, von den Grafen errichteten Burg saßen. Über diesen Bau sind wir durch archäologische Erkenntnisse einigermaßen unterrichtet. Er lag auf einer „Motte", einem durch Aufschüttung im sumpfigen Gelände geschaffenen Hügel, der von Wasser aus der Niers umgeben war. Das Gebäude war aus Holz und zum Wassergraben hin durch Palisaden geschützt. Nach einem Brand vor dem 15./16. Jahrhundert wurde an gleicher Stelle ein Neubau aus Stein errichtet. Um die Burg entwickelten sich kranzförmig die Siedlung und das spätere Dorf Odenkirchen.

1223 wird ein auf der Burg Odenkirchen sitzender Dienstmann Burggraf und Ritter genannt. Die Dienstmannen oder Ministerialen waren ursprünglich unfrei gewesen, leisteten aber wie die Adligen Kriegsdienste. Das führte allmählich zu einer Nivellierung der Unterschiede: Ministeriale wurden zum Ritter geschlagen, andere heirateten in adlige Familien ein. Die Kölner Dienstmannen waren den Erzbischöfen treu ergeben. Während der Auseinandersetzungen der hochadligen Vasallen gegen den Kölner Erzbischof, die in der Schlacht von Worringen 1288 endeten, standen sie auf Seiten ihres Herrn, so auch Burggraf Rabodo von Odenkirchen.

Rheydt

Die Burg Rheydt wird gegen Ende des 12. Jahrhunderts erstmals genannt. Sie diente vermutlich zur Sicherung der Abtei Gladbach. Auf jeden Fall musste der Besitzer von Rheydt anfangs zu ihrem Schutz beitragen. Anders als in Odenkirchen blieb die Burg Rheydt für die Entwicklung der Siedlung ohne Bedeutung. Das „feste Haus" lag in einem Sumpf- und Bruchgelände, das offensichtlich nicht zur Besiedlung einlud. Im 13. Jahrhundert saß auf ihr die Kölner Dienstmannenfamilie von Heppendorf, deren Angehörige sich ab dem zweiten Drittel desselben Jahrhunderts Ritter von Rheydt nannten. Rheydt hatten sie wohl von den Grafen von Kessel, den Vögten der Gladbacher Abtei, als Lehnsgut erhalten. Wie schon Gladbach kam auch Rheydt über sie im 14. Jahrhundert an die Jülicher Grafen.

Die Rheydter "Raubritter"

Als die Ritter von Rheydt ausstarben, erhielt 1454 Johann von Arenthal, Rat des Herzogs von Geldern, Rheydt als Lehen. Er galt als begüterter Mann, war Drost (Amtmann) der Stadt Geldern und hatte unter anderem Schloss Well an der Maas (heute Gemeinde Bergen/niederländische Provinz Limburg) als geldrisches Lehen inne. Zehn Jahre nachdem er Rheydt übernommen hatte, wurde er zum Friedensbrecher: Im Mai 1464 hatte er in einem kleinen Ort nördlich von Hasselt in der heutigen belgischen Provinz Limburg zwei Einwohner bei Nacht gefangen nehmen und nach Rheydt verschleppen lassen. Darauf kamen die Bürgermeister des Landes Lüttich und der Grafschaft Loon im heutigen Belgien zusammen und verlangten die Freilassung der Gefangenen. Johann forderte dafür Lösegeld. Die Empörung der Lütticher kann man sich vorstellen. Sie rückten mit Soldaten nach Rheydt vor und belagerten die Burg. Dabei setzten sie ihre Artillerie ein und begannen die Burg zu zerstören. Ein Büchsenmeister, so berichtet eine Chronik, schoss in die Wachstube des Torwächters, sodass die Federn aus seinem Bett, das dort

Schloss Rheydt um 1840.

stand, wie Schneeflocken auf den Boden sanken. Die Besatzung bat schließlich um einen Waffenstillstand und wollte Johann, der sich wohlweislich längst aus dem Staub gemacht hatte, fragen, ob sie die Burg räumen sollten. Die zu ihm Entsandten kamen nicht mehr zurück. Daraufhin machten die Insassen von dem Angebot eines freien Abzugs Gebrauch. Danach zündeten die Lütticher die Burg an, die anderthalb Tage gebrannt haben soll.

Warum Johann von Arenthal die beiden Männer gefangen genommen hatte, ist nicht ganz klar. Wahrscheinlich war er über den Sohn seiner Schwester in Lütticher Streitigkeiten hineingezogen worden. Die Lütticher hatte er außerdem verärgert, weil er ihre Geldmünzen nachgeahmt und in Umlauf gebracht hatte, sodass sie mit ihm ein „Hühnchen zu rupfen" hatten. Viel schlimmer als Johann von Arenthal war 20 Jahre zuvor sein Schwiegervater, Gerhard II. von Rheydt, gewesen. Zusammen mit dem Besitzer der Burg Odenkirchen hatte er Kölner Kaufleute überfallen. Daraufhin verhängte 1443 Kaiser Friedrich III. über beide die Reichsacht.

Reichsunmittelbar: Die Entwicklung Wickraths und Heinrich von Hompesch

Wickrath nimmt in der Geschichte Mönchengladbachs eine Sonderstellung ein, weil es einmal ein unabhängiges Reichsterritorium gewesen ist. Diese Besonderheit hatte der Ort einem außergewöhnlichen Mann zu verdanken: Heinrich von Hompesch (ca.1428–ca. 1502). Er gehörte im letzten Drittel des 15. Jahrhunderts zu den bedeutendsten Gefolgsleuten des Herzogs von Jülich. Trotzdem ist sein Leben bis heute noch nicht ausreichend erforscht. Doch einiges wissen wir über ihn: 1473 heiratete er Sophie von Bourscheidt, die Witwe Wilhelms von Quadt, eines Mitbruders aus dem ritterlichen Hubertusorden, dem die Adelselite des Herzogtums angehörte. Ein Jahr darauf wurde Heinrich mit Gut Hompesch (heute Gemeinde Titz/Kreis Düren) belehnt und erbte zwei Jahre später die jülichsche Unterherrschaft Tetz (heute Stadt Linnich/Kreis Düren). Spätestens seit 1481 hatte er das Amt eines Marschalls und Hofmeisters des Herzogs von Jülich inne und gehörte dessen Ratskollegium an. Er erledigte für den Herzog vielerlei diplomatische Missionen und zeichnete sich als militärischer Führer aus. Eine Menge von Amtmannschaften besaß er, war ein geschickter Reiter und nahm an Turnieren teil. Nachdem Erzherzog Maximilian von Österreich im Burgundischen Erbfolgekrieg 1482 Wickrath eingenommen hatte, belehnte er 1485 Heinrich damit. Dazu sah er sich berechtigt, weil er über das Erbe seiner Frau Maria von Burgund, Tochter Karls des Kühnen, 1483 in Besitz des Herzogtums Geldern gelangt war. Wickrath galt nach dem Aussterben einer Nebenlinie der Are-Hochstaden ab Anfang des 14. Jahrhunderts als geldrisches Lehen. Warum belehnte Maximilian gerade Heinrich von Hompesch? Er war ihm sehr verbunden, weil er ihm mit 6.000 Gulden während seiner Auseinandersetzungen mit König Ludwig von Frankreich und den flandrischen Städten unter die Arme gegriffen und einem seiner Heeresführer 200 Reiter ausgeliehen hatte. Heinrich war so vermögend, dass er ferner sowohl dem Herzog von Jülich als auch dem Grafen Wilhelm von Wied finanziell geholfen hat.

Heinrich von Hompesch (vierter von links), erkennbar an der Fahne mit dem Andreaskreuz, dem Wappen seiner Familie. – Triumphzug Maximilians von Albrecht Altdorfer um 1516.

Vermutlich durch eine gehörige Zahlung wurde dann Wickrath aus dem geldrischen Herzogtum herausgelöst und 1488 reichsunmittelbar. Heinrich, auf den auch das Wickrather Kreuzherrenkloster zurückgeht, war eine schillernde Gestalt. Er sah wie Maximilian, der gern als „letzter Ritter" bezeichnet wird, sein Ideal in dieser Lebensform, war aber eher ein Mann des Hofs und „Sachwalter und Vertrauensmann der Fürsten" (N. Becker).

Es kommt nicht von ungefähr, dass in dem von Albrecht Altdorfer 1516–1518 gezeichneten Triumphzug Kaiser Maximilians Heinrich von Hompesch die Schar der Ritter anführt. Ritterlich erwies er sich auch dadurch, dass er die Herrschaft Wickrath seinen Stiefsöhnen aus der Familie Quadt und nicht den eigenen Verwandten vermachte. Abkömmlinge der Quadts regierten dort bis zum Einmarsch der Franzosen 1794.

Von der Reformation bis zum Untergang des Alten Reichs

Ein Flickenteppich: Die territoriale Aufteilung Mönchengladbachs

Blickt man auf eine Karte, welche die territoriale Situation des heutigen Stadtgebiets zu Anfang des 16. Jahrhunderts wiedergibt, so sieht man einen bunten Flickenteppich. Mit Abstand das größte Gebiet (etwa 65 km²) stellt Gladbach, das zum jülichschen Amt Gladbach-Grevenbroich gehört und in die Bezirke Gladbach(-Stadt), Unterniedergeburt (Bettrath, Hoven, Damm und Donk), Oberniedergeburt (Teile von Speick und Hermges, Hardterbroich, Pesch, Lürrip, Uedding, Eicken), Obergeburt (Teile von Speick und Hermges, Ohler, Waldhausen, Holt, Hehn, Venn, Windberg und andere) und Hardt aufgeteilt ist.

An Größe folgen Rheindahlen (etwa 34 km²), das im jülichschen Amt Brüggen liegt, die Herrschaft Wickrath (etwa 21 km²), die kurkölnische Unterherrschaft Odenkirchen (etwa 18 km²), die jülichsche Unterherrschaft Rheydt (etwa 13 km²), dann Wanlo im jülichschen Amt Kaster (etwa 6 km²), Giesenkirchen im kurkölnischen Amt Liedberg (etwa 4 km²), Dycker Schelsen in der Grafschaft Dyck (etwa 3,5 km²), Horster Schelsen in der kurkölnischen Unterherrschaft Horst (etwa 3 km²) und die kurkölnische Unterherrschaft Zoppenbroich (1,5 km²).

Insgesamt lassen sich folglich 15 Teile nennen, die ab dem 19. Jahrhundert 11 Gemeinden bildeten und begannen, in sehr unterschiedlichen Geschwindigkeiten und nicht ohne Zufälle zu einer Stadt zu werden. Abgeschlossen war der Prozess erst 1975 mit der damaligen kommunalen Neuordnung.

Die Gebietsteile Mönchengladbachs 1715

0   4 km

▬▬▬ Grenzen um 1715

░░░░ Heutige Stadtgrenze von Mönchengladbach

——— Die Niers um 1715

——— Der heutige Verlauf der Niers

Kartographie: H. Krähe

Territorien in und um Mönchengladbach nach 1715.

Herren und Untertanen

Da die Besitzer der Unterherrschaften so etwas wie eine eigene Innenpolitik betrieben, verstanden sie die Bewohner ihrer Territorien als ihre Untertanen. Diese wiederum forderten zu Anfang der Frühen Neuzeit Regelungen, damit sie die von ihnen verlangten Hand- und Spanndienste mit ihrer landwirtschaftlichen Tätigkeit vereinbaren konnten.

Das lässt sich an einem Beispiel aus Rheydt gut zeigen: Der damalige Herr zu Rheydt, Wilhelm von Nesselrode († 1471), verheiratet mit der Erbin Adriana von Rheydt-Heppendorf, hatte mit den Rheydtern in der Mitte des 15. Jahrhunderts einen eigenen Vertrag abgeschlossen, der die Fuhrdienste, die sie zu leisten hatten, verminderte. Dafür hatten die Rheydter der Erhöhung einer Art Grundsteuer zugestimmt. Als zwei Generationen später Adrian von Bylandt, von 1524 bis 1549 Herr zu Rheydt, die spätgotische Burg umbauen ließ, verlangte er von seinen Untertanen Dienstleistungen, die über diesen Vertrag hinausgingen. Die Untertanen weigerten sich deshalb, mehr zu tun, als vertraglich vereinbart. Daraufhin ließ Adrian einige der Verweigerer verhaften. Außerdem verlangte er nun unter anderem ein Vorkaufsrecht für alles in Rheydt produzierte Fleisch, das außerhalb seiner Unterherrschaft verkauft wurde, wodurch er eine wichtige Einnahmequelle der Rheydter Bauern unter seine Aufsicht stellte. Diese antworteten mit der Einstellung der Zahlung der Grundsteuer. Adrian verschärfte die Sanktionen, ließ pfänden und den Zugang zu den von den Bauern gemeinsam genutzten Weiden versperren. Jetzt wandten sich die Rheydter an den Herzog von Jülich, dessen Räte 1533 einen einvernehmlichen Vergleich aushandelten, der 45 Jahre hielt. Adrians Enkel, Otto von Bylandt, hielt sich nicht mehr an diese Vereinbarung, weshalb es ab 1578 zu einer offenen Rebellion gegen ihn kam.

Otto von Bylandt

In Mönchengladbach ist Otto von Bylandt (1531–1591) in lebhafter Erinnerung geblieben als Erbauer des ansehnlichen Renaissance-Schlosses Rheydt, wobei er das vollendete, was seine Vorgänger ab 1500 begonnen hatten. Allein die Verwaltung der kleinen Unterherrschaft Rheydt hätte ihn nicht ausgefüllt. Deshalb nahm er eine Fülle Ämter und Würden wahr. Er diente dem Herzog von Jülich als Marschall, Landhofmeister und Amtmann der Grafschaft Ravensberg, weshalb er auf der Sparrenburg in Bielefeld lebte. Otto beriet das Herrscherhaus vertrauensvoll und betätigte sich in seinem Auftrag als Diplomat. Kaiser Rudolf II. (1552–1612), der ihn schätzte, ernannte ihn 1590 zum kaiserlichen Rat.

1572 weigerten sich die Rheydter Untertanen, Materialien für den Bau des Schlosses und die Befestigungsanlagen – wie Steine, Erde, Ziegel und Tonröhren – zu befördern. Otto musste stattdessen fremde Fuhrleute mit den Transporten beauftragen. 1578 riss ihm der Geduldsfaden, als einige Rheydter die Wachtpflichten in der Unterherrschaft und andere seiner Forderungen ablehnten. Er ließ die Widerspenstigen verhaften und stellte sie vor Gericht. Eine angebotene Kaution für die Freilassung der Inhaftierten lehnte er ab. Daraufhin wandten sich die Ehefrauen der Eingesperrten und andere Rheydter an den Herzog von Jülich. Otto erklärte, der Herzog sei nicht zuständig. Außerdem behauptete er, den Vertrag von 1533 nicht zu kennen. Bei der Huldigung anlässlich der Übernahme der Herrschaft 1558 sei er ihm nicht gezeigt worden.

Was Otto besonders empörte, war der Umstand, dass sich 18 Rheydter zu einem „Rosenkranz" genannten Geheimbund zusammengetan hatten. Juristische Gutachten legten ihm nahe, die im Jahr 1578 Verhafteten gegen ein Lösegeld frei zu lassen. Das tat er 1580. Eine Kommission aus Räten des Herzogs sollte nun den Streit schlichten. 15 Zeugen wurden befragt. Nach über einem Jahr verkündete der Herzog einen Vergleich, der den Zustand von 1533 wiederherstellte. Beide Seiten waren mit dem Ergebnis unzufrieden. 1584 ersetzte ein Urteil des herzoglichen Gerichts, das sich mit der Klage der Untertanen gegen

Otto von Bylandt beschäftigte, den Vergleich. Damit war Otto nicht einverstanden und appellierte an das Reichskammergericht in Speyer, da für ihn feststand, das herzogliche Gericht sei nicht zuständig gewesen. Er tat so, als ob Rheydt reichsunmittelbar wie Wickrath sei. Jülich hingegen war nicht bereit, seine Landeshoheit durch die aus dem Mittelalter stammenden agrarisch begründeten Rechte der Herren zu Rheydt einschränken zu lassen.

Der Streit mit den Untertanen ging weiter. Einem der auf Schloss Rheydt Arretierten, der fliehen wollte, wurde in die Beine geschossen, worauf er im Wassergraben ertrank. Gegen einen der Anführer des „Rosenkranzes" führte Otto einen weiteren Prozess vor dem Reichskammergericht, weil das Hauptgericht in Jülich die Klage nicht angenommen hatte.

1591 starb Otto. Seine Untertanen verweigertem ihm das letzte Geleit. Unter seinem Sohn Otto Heinrich und nach dessen Tod († 1608) unter Ottos Frau Maria von Bongart († 1616) verbesserte sich das Verhältnis zwischen Herrschaft und Untertanen nicht mehr. Auch nachdem im 18. Jahrhundert ein anderer Familienzweig der Bylandts die Unterherrschaft übernommen hatte, blieb das gegenseitige Misstrauen. Es wurde sogar noch verstärkt, da die neue Herrschaft katholisch und die große Mehrheit der Rheydter calvinistisch war.

Beginn der Reformation

Die Täufer

Schon früh lassen sich für Mönchengladbach reformatorische Bestrebungen nachweisen. Es beginnt im 16. Jahrhundert mit den Täufern, die so heißen, weil sie die Säuglingstaufe ablehnten. Sie hießen auch Mennoniten nach dem friesischen Theologen Menno Simons (1496–1561). Als erster Täufer taucht 1532 ein Vittho Pilgrams auf, der fünf Jahre später als Häretiker hingerichtet wird. Bemerkenswerterweise trägt er den Namen des Patrons der Gladbacher Abtei als Vornamen. Sein Nachnahme weist auf den Pilgramshof in Lürrip im Gladbacher Territorium hin. Er war nicht der einzige Taufgesinnte im Mönchengladbacher Gebiet. Nach seiner Hinrichtung, die vornehmlich zur Abschreckung geschah, lernen wir weitere kennen. In Odenkirchen etwa, wo sie Unterschlupf bei dem mit der dortigen Unterherrschaft belehnten Wilhelm von Vlodorp fanden. Sie bildeten hier eine größere Gruppe, die in den 40er-Jahren des 16. Jahrhunderts schon einen eigenen Prediger beschäftigte.

Im 17. Jahrhundert treffen wir in Gladbach auf eine große mennonitische Gemeinde. Sie umfasste 1624 über 700 Personen. Das waren etwa 10 Prozent der Bevölkerung. Die Mennoniten lebten vom Textilhandel und der Leinenproduktion, waren geachtete Bürger und verfügten über ein dichtes Netz von Kontakten zu wichtigen Handelszentren in Deutschland und den Niederlanden. Trotzdem sind sie im Laufe des 17. Jahrhunderts systematisch und schließlich erfolgreich ausgewiesen worden. Treibende Kraft dabei war der Landesherr, der sich auf die Mithilfe der Abtei Gladbach verlassen konnte, wohingegen seine Beamten in Gladbach versuchten, die Mennoniten zu halten. 1674 stellte der Benediktiner Conrad Neigen, Pfarrer zu Gladbach, fest, dass mehr als eine Generation lang ein Edikt, das die Anwesenheit der Täufer im Herzogtum verbot, in der Stadt überhaupt nicht mehr beachtet werde. Sie seien, so schrieb er an die herzogliche Verwaltung in Düsseldorf, zwar einmal vertrieben worden, viele aber nach einem Zwischenaufenthalt unter anderem in der Unterherrschaft Rheydt und in Krefeld in der Grafschaft Moers nach Gladbach zurückgekehrt. Andere waren auch aus Nimwegen (Nijmegen) in den Vereinigten Niederlanden heimgekehrt, wo sie das Bürgerrecht erhalten hatten. Neigen beklagte ferner, dass ihnen auch ihr Grund und Boden geblieben sei. Er behauptete außerdem, sie kauften den Flachs zu überhöhten Preisen auf und hätten damit ein Monopol. Dadurch brächten sie die Katholiken um ihr Brot. Dem widersprachen sowohl der Amtmann von Gladbach-Grevenbroich als auch Vogt Peter Brück, der in Gladbach lebende Vertreter der Landesregierung. Nichts anderes als Neid sei die Ursache für den schlechten Ruf der Mennoniten. Daraufhin wandte sich 1681 Abt Ambrosius Steingens (1631–1703) beschwerdeführend nach Düsseldorf und stellte jetzt ihre Häresie in den Vordergrund.

Religiöse Erwägungen spielten für Brück überhaupt keine Rolle. Er war sich hingegen bewusst, dass die Mennoniten weit weniger Schaden durch eine Vertreibung nahmen als die Gladbacher Handspinner und Handweber, die von ihnen beschäftigt wurden. Die Mennoniten würden sich nach einer Vertreibung in der Nachbarschaft ansiedeln, meinte er, und von dort wie gewohnt ihren Geschäften nachgehen. Sie an Reisen durch das Herzogtum zu hindern, verbiete sich sowieso, da es völkerrechtswidrig sei, so wörtlich. Er behielt mit seiner Vorhersage Recht. Nach der erneuten Vertreibung der Mennoniten Ende des 17. Jahrhunderts musste Gladbach sogar um eine Steuerminderung nachsuchen, da seine Hauptsteuerzahler fehlten. Der Regierung in Düsseldorf blieb zunächst nichts anderes übrig, als ein wenig nachzugeben. Sie ließ den Mennoniten Johann Floh, der in Krefeld Zuflucht gefunden hatte, in Gladbach eine Tuchbleiche betreiben. Der durch die erzwungene Aussiedlung angerichtete Schaden war für Gladbach immens und noch Anfang des 18. Jahrhunderts spürbar. Peter Brück ist übrigens sein Widerspruch schlecht bekommen: Er wurde strafversetzt.

Grund und Boden haben die Mennoniten in Gladbach

noch bis weit ins 18. Jahrhundert besessen, diesen aber nach und nach verkauft, als die Preise dafür wieder stiegen. Klug hatten sie gewartet, bis sich der Immobilienmarkt erholt hatte.

Die in Rheydt untergeschlüpften Mennoniten sah Otto Heinrich von Bylandt gern in seinem Territorium. Doch konnten sie sich auch dort nicht ungefährdet aufhalten und wurden zuletzt sogar durch jülich-bergische Soldaten verfolgt. Deshalb verließen die meisten 1694 die Unterherrschaft und fanden in Krefeld eine dauernde Bleibe. Andere konvertierten zum Calvinismus und konnten so überleben.

In Wickrath lebten die Mennoniten bis ins 17. Jahrhundert ungehindert. Die Herrschaft nahm bereitwillig Glaubensflüchtlinge auf, die dafür „Befreiungsgeld" zahlen mussten – also uneigennützig war der Herr zu Wickrath auch nicht. Ende des 17. Jahrhunderts wurde auf ihn der Druck aus den benachbarten Ländern Jülich-Berg und Kurköln so stark, dass die Mennoniten um ihre Zukunft fürchteten und fast alle freiwillig die Herrschaft verließen. Einige wenige blieben, andere schlossen sich den Calvinisten an oder wurden sogar katholisch. Die Bedeutung dieser konvertierten Mennoniten für die wirtschaftliche Entwicklung Mönchengladbachs sollte man nicht unterschätzen. So bekannte Textilfamilien wie Busch und Lenssen sind mennonitischen Ursprungs. Sie traten als konvertierte Calvinisten in die Fußstapfen ihrer Vorfahren.

Konfessionelle Vielfalt

Gladbach

Die 15 Teile, die später einmal zu Mönchengladbach zusammenwuchsen oder zusammengelegt wurden, bildeten keine konfessionelle Einheit. Gladbach blieb weitgehend katholisch, Rheydt wurde überwiegend calvinistisch, und in Odenkirchen und Wickrath stellten die Calvinisten die Mehrheit. Das ist das Ergebnis eines längeren Prozesses.

In Gladbach lassen sich neben den Täufern, auf die oben eingegangen worden ist, auch so genannte Sakramentierer nachweisen. Sie erscheinen um die Mitte des 16. Jahrhunderts und werden auffällig, weil sie das Abendmahl nicht empfangen, sondern es „mit dem Wort in Geist und Glauben" aufnehmen, wie sie sagen. Sie gehen vermutlich im Calvinismus auf, der in den 70er-Jahren des 16. Jahrhunderts nachweisbar ist. Er geht auf den Theologen Johann Calvin (1509–1564) zurück, der lehrte, dass allein die hl. Schrift das Fundament des Glaubens sei, dass allein Christus Autorität über die Gläubigen habe, dass der Mensch allein durch die Gnade Gottes erlöst werde und durch den Glauben in das richtige Verhältnis zu Gott komme. Erster calvinistischer Prediger in Gladbach ist um 1570 Heinrich Heroelt aus Friesland. Öffentliche Religionsausübung bleibt aber den Calvinisten, die sich selbst Reformierte nennen, verboten. Erst um 1609, am Ende des jülich-klevischen Erbfolgestreits und der Übernahme Jülich-Bergs durch Wolfgang Wilhelm von Pfalz-Neuburg (1578–1653) endet diese von den Reformierten als „Kirche unter dem Kreuz" bezeichnete Zeit. 1612 wird ihnen sogar gestattet, im Gladbacher Rathaus ihre Gottesdienste abzuhalten. Das ist ein besonderes Ereignis, denn dort tagt ja der Stadtrat, und das Rathaus ist ein öffentliches Gebäude. Aber seine Nutzung dauert nicht lange an. Ab 1627 mussten die Gladbacher Reformierten zur Predigt nach Rheydt gehen. Als ihnen 1672 das Recht auf öffentliche Religionsausübung durch den brandenburgisch-pfälzischen Religionsvergleich gewährt wurde, dauerte es noch bis in die 80er-Jahre, ehe sie wieder einen eigenen Prediger wählen konnten. 1683/84 bauten sie außerhalb der Stadtmauern eine eigene Kirche. Das hatte der Gladbacher Abt vergeblich zu verhindern versucht.

Die Reformierten blieben in Gladbach eine Minderheitskirche. Sie machten bis zum Ende des 18. Jahrhunderts etwa 4 Prozent der Bevölkerung aus. Die Mehrheit bildeten die Katholiken dank der Gladbacher Benediktiner, die auch die Pfarrseelsorge wahrnahmen. Durch eine strenge Beachtung der Ordensregel des hl. Benedikt mit Askese, persönlicher Armut und gelebter Frömmigkeit waren sie nach einer Reform des Klosters zu Anfang des 16. Jahrhunderts glaubwürdig und vorbildlich geworden. Außerdem trug das Gladbacher Sendgericht, das einmal im Jahr zusammentraf und das sittlich-moralische Verhalten überwachte, zur Disziplinierung der Bevölkerung bei. Um Missständen zu begegnen, führten die Gladbacher Pfarrer ferner schon ab den 80er-Jahren des 16. Jahrhunderts Trauungsbücher. Dies geschah im landesherrlichen Auftrag, sodass in sie übrigens auch die Eheschließungen der Mennoniten und Reformierten eingetragen wurden. Hier wurde also, typisch für die Zeit der Konfessionalisierung, Staatliches und Kirchliches offensichtlich vermischt. Nach der Wiedererrichtung der reformierten Pfarre 1683 erscheinen keine Nichtkatholiken mehr in den von den katholischen Pfarrern geführten Trauungsbüchern, welche die Reformierten jetzt als anerkannte Kirche selbst führten.

Rheindahlen

Während sich die Reformierten in Gladbach als Minderheit halten konnten, hatten sie in Rheindahlen keine Überlebenschance. 1622 wurde den Reformierten die Religionsausübung untersagt. Gottesdienst war vermutlich noch heimlich auf einem Bauerngut möglich. Die Rheindahlener Reformierten verschwanden aus der Öffentlichkeit. Es ist anzunehmen,

Die alte Rheindahlener Pfarrkirche 1909.

dass sie teilweise wegzogen, teilweise nach Wickrathberg zum Gottesdienst gingen. Warum konnten sie sich im Gegensatz zu Gladbach in Rheindahlen nicht halten? Einmal war ihre Gruppe zahlenmäßig wohl viel kleiner als die in Gladbach, zum anderen bestand ihre Gemeinde überwiegend aus Bauern und wohl auch Tagelöhnern im Unterschied zu der von Gladbach, der viele Kaufleute angehörten, die wirtschaftlich besser als die Rheindahlener Reformierten gestellt waren. Die reformierten Gladbacher Kaufleute waren so wohl situiert und für die Wirtschaft der Stadt so wichtig, dass sie sogar bis ins 18. Jahrhundert Mitglieder der katholisch geprägten Krämerzunft blieben und einige von ihnen es sogar zum Zunftmeister brachten.

Odenkirchen

Im Gegensatz zu Rheindahlen gelang es den Reformierten in Odenkirchen, sich nicht nur zu behaupten, sondern die Mehrheit der Bevölkerung zu stellen. Ansätze reformatorischen Lebens lassen sich schon in den 30er-Jahren des 16. Jahrhunderts beobachten, besonders nach der Übernahme der kurkölnischen Unterherrschaft Odenkirchen durch Wilhelm III. von Vlodorp (1481–1546), der sich aus eigener Überzeugung der Reformation zuwandte, vermutlich aber auch aus politischen Gründen, um sich von seinem Lehnsherrn, dem Kölner Kurfürst und Erzbischof abzusetzen.

Eine strenge Calvinistin

Wilhelms III. Enkelin Odilia, verheiratet mit dem Calvinisten Floris von Boetzelaer, trat als klare Förderin der reformierten Gemeinde hervor. Sie stellte unter Berufung auf ihr Pfarrbesetzungsrecht 1575 einen aus dem Herzogtum Jülich vertriebenen calvinistischen Prediger in der Pfarre Odenkirchen ein. Daraufhin besetzte Kurköln Odenkirchen, aber der Prediger entkam den Soldaten. Vier Jahre später erfolgte eine weitere militärische Intervention, die wie die erste nichts brachte. Odilia richtete sogar eine zweite Predigerstelle ein. Unter dem Kölner Kurfürsten Ernst von Bayern (1554–1612) änderten sich die Zeiten. Im Zuge der Gegenreformation wurden Odilia und der reformierte Odenkirchener Prediger Otto Gilverath († 1600) 1585 verhaftet. Nachdem sie Besserung versprach, wurde sie freigelassen, 1594 aber erneut in Haft genommen. Unter Zahlung eines hohen Lösegelds und mit der Verpflichtung, die reformierte Gemeinde aufzulösen, kam sie erst nach drei Jahren wieder frei.

Auch Odilias Sohn Floris Hattard von Boetzelaer (1565–1636) war ein überzeugter Calvinist. Er besaß beste Beziehungen zu

Grabplatte Odilias von Hoemen, der Gattin Wilhelms III. von Vlodorp (†1558).

den Vereinigten Niederlanden und strebte eine Herauslösung Odenkirchens aus dem kurkölnischen Lehnsverband und einen Zusammenschluss mit der jülichschen Unterherrschaft Rheydt an, die seine Frau Anna von Bylandt innehatte. Nach dem Regierungsantritt des Kurfürsten Ferdinand von Bayern in Köln 1612 lehnte er bei seiner jetzt fälligen neuen Belehnung mit Odenkirchen die von ihm verlangte Verpflichtung ab, das katholische Bekenntnis wiederherzustellen. Das wäre auch schwierig geworden. Odenkirchen war längst mehrheitlich reformiert. Geschickt nutzte Floris seine Beziehungen zu den Niederlanden und stellte sich unter ihren Schutz. Nach dem Tod des Generalstatthalters Moritz von Oranien 1625 erlosch deren Interesse an Odenkirchen. Nun war es ungeschützt. Deshalb konnte 1627 den Reformierten in Odenkirchen wieder einmal durch eine militärische Aktion die Kirche genommen und dort ein katholischer Geistlicher eingesetzt werden. Die Reformierten wandten sich den Gemeinden in Rheydt und Wickrathberg zu. Ab 1650 wurde ihnen auf Grund des Westfälischen Friedens, wonach der Zustand im „Normaljahr" 1624 wiederherzustellen sei, freie Religionsausübung gestattet. Kurköln widersetzte sich jedoch. Erst 1689, nach Einmarsch brandenburgischer Soldaten in Odenkirchen im Pfälzischen Erbfolgekrieg, hörte die Bedrückung auf. Doch mussten die Reformierten danach noch mehr als ein halbes Jahrhundert warten, bis ihre Gemeinde 1755 durch einen Religionsvergleich, der auf Druck Preußens zustande kam, 11 000 Reichstaler und andere Zuwendungen erhielt. Damit konnten sie eine eigene Kirche bauen. Zwei Jahre später war die nach den Plänen des Maastrichter Architekten François Soiron (1714–1779) erbaute Kirche fertig. Zu diesem Zeitpunkt gehörten noch mehr als 60 Prozent der Bevölkerung dem reformierten Bekenntnis an.

Rheydt

Obgleich Rheydt wie Odenkirchen eine Unterherrschaft war, griff hier der Landesherr, der Herzog von Jülich-Berg, nicht ein, als sich die Reformation durchsetzte. Otto von Bylandt hat sie nicht eingeführt. Der päpstliche Diplomat Minuccio Minucci hielt ihn zwar für einen überzeugten Calvinisten, doch richtete er sich bis etwa 1580 nach der auf Ausgleich bedachten Kirchenpolitik seines Landesherrn Wilhelm V. von Jülich. Nach dessen Tod zeigte sich Otto immerhin aufgeschlossen gegenüber dem Calvinismus, trat ihm aber nie offiziell bei.

Seit der Mitte des 16. Jahrhunderts waren die Reformierten bereits im Besitz der Rheydter Kirche, die wohl in einem Bildersturm freigeräumt worden war. Danach haben sie die Kirche wieder zurückgeben müssen. Das genaue Datum ist nicht bekannt. Die Rheydter Reformierten wurden nun einige Zeit von Odenkirchen aus mitbetreut. Sicher haben sie ab 1587 die Kirche in Rheydt wieder besessen.

Der Anteil der Rheydter Katholiken ging auf 20 Prozent zurück. Sie lebten zumeist im Westen der Unterherrschaft Rheydt unter anderem in Schrievers, wo das katholisch gebliebene Drittordenskloster zum hl. Alexander einen Hof besaß. Dies mag bewirkt haben, dass die Mehrheit im Ortsteil sich nicht der Reformation anschloss. Die Erzählung, es habe an dem Tag, als in der Rheydter Kirche die Reformation eingeführt worden sei, sehr stark geregnet, deshalb seien die Kirchgänger aus Schrievers nicht gekommen und hätten die Reformation verpasst, ist nicht mehr als eine lustige Anekdote.

Der Sieg der Reformation war unaufhaltsam: Spätestens seit dem letzten Drittel des 17. Jahrhunderts gab es in Rheydt keinen katholischen Pfarrer mehr. Der Rektor des Rheydter Drittordensklosters nahm deshalb seit Ende des Jahrhunderts die Seelsorge für die kleine Schar der Katholiken wahr.

Wickrath

Anders verlief die Einführung der Reformation in der reichs-
unmittelbaren Herrschaft Wickrath. Es ist zwar nicht eindeu-
tig zu entscheiden, ob der Herr zu Wickrath, Johann von
Quadt (1492–1566), schon Calvinist gewesen ist. Aber um
1540 scheint es bereits eine reformierte Gemeinde in Wickrathberg gegeben zu haben. Zweifelsfrei bestand unter Johanns Sohn Dietrich und dessen Söhnen ab Mitte des
16. Jahrhunderts ein freies öffentliches reformiertes Gemein-
deleben in Wickrathberg. Wohlgemerkt: in Wickrathberg und
nicht in Wickrath. Dort hatten die Kreuzherren Widerstand
geleistet. Sie führten ein tadelfreies Klosterleben, waren für
Reformen aufgeschlossen und theologisch gebildet. Durch
ihren Einsatz blieb ein gutes Drittel der Bevölkerung in der
Herrschaft Wickrath katholisch. Zunächst verloren sie die
Wickrather Kirche für ihren Gottesdienst, konnten sie aber
1569 zurückerhalten. Im 17./18. Jahrhundert wurden sie auf
eine besondere Probe gestellt, als die Quadts sie drangsalier-
ten (s. S. 79 f.).

Der Einfluss der Abtei geht zurück

Seit dem 15. Jahrhundert ging der Einfluss der Abtei Gladbach
auf die Geschicke der Stadt immer weiter zurück. Da waren
einmal die herzoglichen Beamten, die dem Abt die Grenzen
seiner Macht zeigten, da war die Verwaltung der Stadt, die sogar so weit ging, ihn öffentlich zu verspotten.

Gegen Gewalt kann man nichts tun

Anfang des 16. Jahrhunderts ließ Vogt Johann Greyn den hölzer-
nen Pranger des Abtes auf dem Gladbacher Markt abreißen,
ersetzte ihn durch einen steinernen und brachte darauf das
Wappen seines Herzogs an. Dadurch wurde drastisch sichtbar
gemacht, dass der Abt, der immer betonte der „Erbgrundherr"
zu sein, die Gerichtsbarkeit in der Stadt nicht mehr besaß. Damit
der Abt das herzogliche Hoheitszeichen nicht immer vor Augen
hatte, wenn er aus dem Fenster seines von ihm bewohnten Ab-

teilflügels auf den Markt sah, soll er das abteiliche Gästehaus, die heutige Gaststätte St. Vith, in die Sichtachse gebaut haben. Von Abt Aegidius von Bocholtz († 1538) ist überliefert, dass er damals resignierend feststellte: „Gegen Gewalt kann man nichts tun!"

Aegidius von Bocholtz, Gladbacher Abt von 1505 bis 1538. – Zeichnung, Privatbesitz.

150 Jahre später ließen die Gladbacher auf dem Markt einen so genannten Wippgalgen erbauen, der eigentlich dazu da war, einen Missetäter an den Händen gebunden hoch zu ziehen, um ihn dann wieder hinunter zu lassen. Er diente nicht zur Hinrichtung. Damit wollten die Gladbacher Abt Ambrosius Steingens (Abt von 1680–1703) lächerlich machen und ihm zeigen, dass seine gerichtliche Gewalt nur eine Farce war. Der Abt hatte zudem zahlreiche Auseinandersetzungen mit Peter Brück, dem Vogt, der schon kein Verständnis für die Vertreibung der Mennoniten gezeigt hatte. Als der Abt 1686 Taubenschläge in der Stadt abreißen ließ, weil sie nicht genehmigt hatte, gebot ihm Brück Einhalt und drohte, Soldaten einzusetzen.

Anfang des 17. Jahrhunderts verweigerten die Gladbacher Bürgermeister dem Abt den Eid und wollten sich mit dem auf den Herzog begnügen. Das war ein bewusster Angriff auf den ohnehin klein gewordenen „Herrschaftsfreiraum des Abts" (B. Kasten). Hier gab er nicht nach, um nicht den letzten Rest an Bedeutung zu verlieren. Dennoch: Die Gladbacher traten gegenüber dem Abt immer selbstbewusster auf.

Aber Wichtiges konnte er lange behaupten: Neben der oben genannten Eidesleistung der Bürgermeister, Schöffen und Bürger auf ihn, gab es das Recht der Teilnahme seines Schultheißen am vogteilichen Gericht, Wein- und Bierabgaben, das Eichrecht, das Standgeld auf den Märkten, den Zehnt und sonstige grundherrliche Abgaben, die Befreiung von städtischen Steuern u. a. m. Das Ganze war eine Mischung aus Rechten, die zur Bewahrung des Prestiges und zur Nutzung wirtschaftlicher Vorteile gut waren. Nicht vergessen darf man schließlich dabei, dass die Abtei der Stadt dafür vieles gab: Sie unterhielt Schulen, nahm die Seelsorge wahr, trug einen Teil der Baukosten für die Gladbacher Pfarrkirche und machte Gladbach zu einem geistlichen und geistigen Zentrum. Bis zur Auflösung der Abtei 1802 war deren wirtschaftliche Bedeutung immer schwächer geworden: Zu Ende des 18. Jahrhunderts besaß sie in Gladbach nur noch etwa 8 Prozent der landwirtschaftlichen Nutzfläche. Sie war verpachtet.

Streit um und mit der Herrschaft

Der Streit um Rheydt

Otto von Bylandt war mit seinem Bestreben, Rheydt reichsunmittelbar zu machen, gescheitert. Da hatte auch ein Patent
von 1590 nichts geholfen, das ihm Kaiser Rudolf II. ausge-
stellt hatte, aus dem hervorging, Otto sei Freiherr und Rheydt
reichsunmittelbar. Dagegen hatte sich der Herzog von Jülich,
Wilhelm V. (1516–1592), gewandt, der sich ein Stück seines
Landes nicht nehmen lassen wollte. Außerdem hieß es in dem
Dokument ausdrücklich, dass die Rechte anderer Landesherren nicht verletzt werden dürften. Eigentlich war Ottos Versuch
ein strafwürdiger Bruch der Lehenstreue gegenüber seinem
Landesherrn. Aber wegen seiner Verdienste um das Herzogtum
schritt man nicht ein. Wie schon Otto, so scheiterte ebenfalls,
wie oben erwähnt, sein Schwiegersohn Floris Hattard von
Boetzelaer, der ja noch mehr wollte und dem ein aus Rheydt
und Odenkirchen bestehendes reichsunmittelbares Ländchen
vorschwebte. Immerhin vermochte er in Rheydt, da er ohne
Kinder war, als seinen Nachfolger Rolmann von Bylandt-
Spaldrop, einen entfernten Verwandten seiner Frau Anna,
durchzusetzen. Dagegen protestierte Bertram II. von Bylandt-
Schwarzenberg. Er begründete es damit, dass Rheydt nur in
männlicher Erbfolge weitergegeben werden dürfe. Anna sei
schon nicht erbberechtigt gewesen und könne auch jetzt nicht
über Rheydt verfügen. Rechtens wäre nur, ihn aus der Linie
Bylandt-Schwarzenberg dort einzusetzen, weil seine Vorfahren
von dem letzten männlichen Erben direkt abstammten. Das
hatte viel für sich. Vermutlich fürchtete man jedoch bei der herzoglichen Regierung in Düsseldorf Unruhen im überwiegend
reformierten Rheydt, da die Linie Schwarzenberg im Gegensatz
zu der calvinistischen Linie Spaldrop katholisch war. Vorbeu-
gend hatte man jedoch bei der Lehensvergabe, mit der Rolmann von Bylandt-Spaldrop auch die jülichsche Oberherrschaft

anerkannte, den Vorbehalt gemacht, sie gelte nur so lange, wie nicht ein anderer aus der Familie Bylandt seinen Anspruch unwiderlegbar begründen könne. Rolmann hatte vor allem deshalb Rheydt erhalten, weil er sich bereit erklärte, 6.000 Reichstaler an Herzog Wolfgang Wilhelm zu zahlen. Eine gewisse Sicherheit boten ihm zudem einige jülich-bergische Soldaten, die in Rheydt unter seinem Befehl standen.

Nach dem Tod Bertrams 1643 gelang es dessen Sohn Johann Adrian, die Ansprüche der Familie Bylandt-Schwarzenberg durchzusetzen. 1665 wurde er mit Rheydt belehnt. Doch Rolmann von Bylandt-Spaldrop dachte nicht daran, das Territorium zu räumen. Auch sein Sohn Floris Otto blieb uneinsichtig und wandte sich an das Reichskammergericht. Da dieses nach der Einäscherung der Stadt Speyer durch die Franzosen 1689 vor dem Umzug nach Wetzlar stand, geschah zunächst nichts. 1693 nahm es sich der Sache Bylandt gegen Bylandt endlich an. Die Linie Spaldrop wurde nun durch Floris Otto und die Linie Schwarzen-berg durch Arnold Christoph vertreten. 1699 erging ein Zwischenurteil: Die Spaldroper sollten Beweise liefern, dass Otto von Bylandt in einem früheren Reichskammergerichtsprozess gegen den Herzog von Jülich die Reichsunmittelbarkeit Rheydts zugesprochen bekommen habe. Ihnen war eine Frist gesetzt worden, die 1701 ablief. Daraufhin wurde Arnold Christoph von Bylandt-Schwarzenberg (1680–1730) am 14. März des Jahres mit Rheydt belehnt. Er war wachsam

Freiherr Arnold Christoph von Bylandt, seit 1701 Herr zu Rheydt. – Unbek. Künstler, 1726. Schloss Rheydt.

und stationierte bis Anfang des folgenden Jahres einige Soldaten in der Unterherrschaft. Die Bevölkerung machte er sich gewogen, indem er am Tag seiner Lehensübernahme eine beträchtliche Menge Bier spendierte. Den juristischen Erfolg, den er vor allem seinem Mitvormund Peter Bernhard Ruebens, einem beim Reichskammergericht zugelassenen Advokaten und Düsseldorfer Hofrat zu verdanken hatte, haben seine Zeitgenossen als Sensation empfunden.

Wer wird Prediger in Rheydt?

Der Übergang von der calvinistischen zur katholischen Linie Bylandt verlief zunächst ohne Zwischenfälle. Als es dann zu Zeiten Arnold Christophs zum so genannten Predigerstreit kam, spielte der Konfessionswechsel nur eine untergeordnete Rolle. Er war nämlich die Fortsetzung einer alten Geschichte. Bereits die Calvinisten Otto Rolmann und sein Sohn Floris Otto von Bylandt-Spaldrop stritten sich im letzten Drittel des 17. Jahrhunderts mit der reformierten Gemeinde wegen der Besetzung der Pfarrstelle. 1685 berief Graf Rolmann nach Wegzug des Rheydter Pfarrers, ohne eine Wahl des reformierten Konsistoriums, also der Gemeindeleitung, abzuwarten, einen Nachfolger in das Pfarramt. Dagegen protestierte die jülichsche reformierte Synode. Rolmann meinte, er könne als Pfarrer einsetzen, wen er wolle und berief sich dabei auf den Herrn von Wickrath. Dabei übersah er geflissentlich, dass der reichsunmittelbar war. Der Streit endete damit, dass die Synode als Kirchenaufsicht nach neun Jahren den von Rolmann bestellten Pfarrer anerkannte. Zu diesem Zeitpunkt gab es eine neue Kontroverse. Floris Otto, Rolmanns Sohn, hatte einen Katholiken in das für die niedrige Gerichtsbarkeit zuständige siebenköpfige Schöffenkollegium berufen. Floris Otto wollte mit der Ernennung eines Angehörigen der katholischen Minderheit, die etwa 20 Prozent in der Unterherrschaft ausmachte, ein Zeichen der Toleranz setzen. Doch die Schutzmacht der Rheydter Reformierten, die brandenburgisch-preußische Verwaltung im Herzogtum Kleve, sah darin einen Verstoß gegen die Vereinbarungen über die Religionsausübung. Das war weit hergeholt. Aber die Rheydter Reformierten beriefen sich darauf und lehnten ab, mit einem Katholiken zu Gericht zu sitzen. Daraufhin forderte Floris Otto den Pfarrer auf, die Verweigerer vom Abendmahl auszuschließen. Der weigerte sich, woraufhin ihn Floris Otto einfach absetzte.

Der Katholik Arnold Christoph von Bylandt-Schwarzenberg griff nicht ein, als 1704 erstmals ein Rheydter Pfarrer gemäß den Bestimmungen der reformierten Kirchenordnung gewählt wurde, sondern bestätigte ihn.

Als der Pfarrer 1718 auf eine andere Stelle wechselte, versuchte Arnold Christoph, eine Neuwahl zu verhindern und ernannte einfach einen Nachfolger. Der konnte sich nicht durchsetzen. Dem vom Konsistorium der Gemeinde Gewählten verweigerte wiederum der Herr zu Rheydt die Bestätigung und überzog die Konsistorialen mit Geldstrafen. Die jülich-bergische Regierung in Düsseldorf sah Arnold Christoph im Recht. Als der von der Gemeinde gewünschte Pfarrer starb, ernannte er erneut einen ihm genehmen Pfarrer. Der konnte nur mit Waffengewalt das Pfarrhaus betreten. Unter den reformierten Rheydtern kam es zu einer offenen Rebellion. Düsseldorf verhängte drastische Strafen gegen die Mitglieder der jülich-bergischen reformierten Kirchenverwaltung und andere. Die Schutzmacht griff daraufhin ein und antwortete mit Repressalien gegen die Katholiken in den preußischen Teilen des Niederrheins. 1720 wurden sie wieder aufgehoben, und der jülich-bergische Landesherr wies Arnold Christoph an, der Rheydter reformierten Gemeinde das Pfarrerwahlrecht einzuräumen. Der dachte aber nicht daran und wandte sich an den Reichshofrat in Wien. 1722 suchten die Rheydter Reformierten ihrerseits beim Reichstag in Regensburg Hilfe. Erst nach Arnold Christophs Tod kam es unter seiner Witwe Anna Maria Theresia von Bylandt 1731 zu einem Vergleich. Die Gemeinde nannte der Herrin drei Kandidaten, von denen sie einen auswählte.

Graf Wilhelm Otto Friedrich von Quadt mit dem Architekten des Schlosses, Mathieu Soiron, im Hintergrund Schloss Wickrath. – Gemälde von Joh. Heinrich Fischer, 1773. Museum Schloss Rheydt.

Ein gestrenger Herr: Wilhelm Otto Friedrich von Quadt

Der Rheydter Predigerstreit hatte in Wickrath eine Parallele. Dort haben die Herren von Quadt als Landesherren sowohl offen wie auch verdeckt für sich das Recht in Anspruch genommen, den reformierten Pfarrer einzusetzen, ohne unbedingt auf eine Wahl eines Konsistoriums eingehen zu müssen. Konflikte haben sie dabei nicht gescheut. Erhebliche Spannungen bestanden zudem mit den katholisch gebliebenen Kreuzherren. Es

79

gab vielerlei Beschwerden, die dazu führten, dass die Ordens-
mitglieder 1652 ihren Landesherrn beim Reichskammergericht
verklagten und schließlich nach fast 30 Jahren, 1681, den Prozess gewannen. Danach setzte eine Zeit der gegenseitigen Ach-
tung ein, die aber unter Wilhelm Otto Friedrich, der 1741 die
Landesherrschaft angetreten hatte, ein Ende nahm.

Gestritten wurde zu seiner Zeit über die Frage, ob die Katholiken verpflichtet waren, die vom Herrn gebotene Arbeits-
ruhe an den von ihm angeordneten Buß- und Bettagen zu
beachten. Das verneinten die Kreuzherren. Es kam zu Zwi-
schenfällen und Drangsalierungen der Katholiken. Die Kreuzherren riefen schließlich 1743 den Wiener Reichshofrat an, der
ihnen Recht gab. Wilhelm Otto Friedrich holte sich Hilfe in
Berlin bei den Preußen, die seine Auffassung teilten, er könne
als Landesherr für seine Untertanen Buß- und Bettage verord-
nen. Während der Auseinandersetzungen besetzten kurkölnische und kurpfälzische Soldaten die Herrschaft, um die Katholiken zu beschützen. Der preußische König Friedrich II., als der
Große bekannt, reagierte 1747 scharf darauf, woraufhin die
Truppen abgezogen wurden.

Ruhe kehrte nicht ein. 1750 verklagten die Kreuzherren
den Wickrather Landesherrn erneut, dieses Mal beim Reichskammergericht. Die langen Auseinandersetzungen zwischen
dem Landesherren und seinen katholischen Untertanen sind
als die „Wickrather Wirren" in die Geschichtsschreibung eingegangen.

Wilhelm Otto Friedrichs Verhältnis zu seinen reformierten
Untertanen war auch kaum besser. Rigoros griff er in ihre kirchlichen Belange ein. Besonders gefördert hat er die jüdische
Minderheit. Er ließ Juden ins Land, weil er zur Toleranz ihnen
gegenüber erzogen worden war, freilich aber auch, um an ihren
Tributzahlungen beträchtlich zu verdienen. Er sah zudem den
mit ihrer Ansiedlung verbundenen wirschaftlichen Vorteil.
Aus ähnlichen Gründen rief er auch Weber ins Land und stellte
ihnen kostenlos Grund und Boden zur Verfügung.

Schloss Wickrath. – Zeichnung, um 1856. Privatbesitz.

Schloss Wickrath

Einen Namen machte sich Wilhelm Friedrich von Quadt durch den Bau von Schloss Wickrath und die Anlage des Schlossparks. Das alte verschachtelte, aus einer mittelalterlichen Burg hervorgegangene Schloss entsprach nicht mehr seinen Vorstellungen, sodass er sich 1744 entschloss, mit einem Neubau zu beginnen. Dabei kam ihm der Umstand zu Hilfe, dass ein Jahr später im Altbau ein Feuer ausbrach, welches großen Schaden anrichtete. Ein Wiederaufbau wäre teuer geworden. 1746 begann er deshalb mit dem Abriss und legte den Grundstein für das neue Schloss. Als Architekten verpflichtete er die Maastrichter Familie Soiron. Unter ihnen trat in Wickrath besonders Matthieu hervor (1722–1781). Für die umfangreichen Transporte der Baumaterialien spannte Wilhelm Otto Friedrich seine Untertanen ein, die schließlich rebellierten. 1749 ließen sie einen schon 1738 wegen der Hand- und Spanndienste angestrengten Prozess vor dem Reichshofrat in Wien wieder aufleben. 1760 setzte Wilhelm Otto Friedrich Militär ein, das er sich hatte ausleihen müssen, um seine rebellischen Untertanen in die Knie zu zwingen. Das mit Erfolg. Jetzt waren die Wickrather, von denen sich zwei Drittel an dem Aufstand beteiligt hatte, zu einem Vergleich bereit.

Der Grundriss des Schlosses, von dem nur noch der vorgelagerte Wirtschaftshof weitgehend erhalten ist, entsprach dem eines barocken Pavillonbaus. Doch verzichtete der Architekt dabei weitgehend auf die dafür typische „Höhenstaffelung der einzelnen Bauteile und vollständige Dreigeschossigkeit des Gebäudes". So entstand mehr als der übliche Pavillonbau, nämlich ein „repräsentatives, der aristokratischen Selbstdarstellung dienendes Schloss" (H. Köhren-Jansen). Zum gleichen Zweck legte Wilhelm Otto Friedrich auch den heute weitgehend wiederhergestellten Schlossgarten an. Diesen ließ er in Form einer Grafenkrone gestalten, um allen zu verdeutlichen, dass er sich 1752 für sehr viel Geld den Grafentitel zugelegt hatte.

In der Frühen Neuzeit leben

Krieg und Frieden

Von den Folgen des 80-jährigen spanisch-niederländischen Kriegs wurde auch Mönchengladbach getroffen. 1568 schlugen die Spanier auf der Dahlener Heide ein von Wilhelm von Oranien aufgestelltes Heer vernichtend. Jülich-Berg hatte sich zwar für neutral erklärt, aber das hinderte die Spanier weder daran, auf jülich-bergischem Territorium eine Schlacht zu schlagen, noch im Mönchengladbacher Gebiet Soldaten einzuquartieren, Pferde zu requirieren und zu plündern. Den Städten Gladbach und Rheindahlen entstanden durch „spanisches Kriegsvolk" gewaltige Schäden.

Ebenfalls der Kölnische Krieg von 1583 bis 1588, bei dem es um die Besetzung des Bischofsstuhls von Köln ging, blieb für Mönchengladbach nicht folgenlos. Es kam zu Einquartierungen, Plünderungen, Erpressungen und Vergewaltigungen. Im Dreißigjährigen Krieg beherbergte Gladbach eine spanische Garnison, die bis zu vier Kompanien umfasste. Die Spanier blieben bis 1627, richteten sich häuslich ein und bewahrten die Stadt vor Unbill. Nicht wenige von ihnen heirateten Gladbacher Frauen. Auf die Spanier folgten kroatische Truppen, die unter kaiserlichem Befehl standen. Zu Ende des Dreißigjährigen Kriegs fielen Hessen in das Herzogtum Jülich-Berg ein. Eine Besetzung Gladbachs durch sie konnte 1640 durch Verhandlungen verhindert werden. Auch kaiserliche Truppen durften sich nicht mehr in der Stadt aufhalten. Aber nach ihrer schmählichen Niederlage gegen die vereinigten Franzosen, Hessen und Weimarer in der Schlacht von Kempen 1642 wurden die Städte Gladbach und Rheindahlen trotz der Neutralität von Jülich-Berg besetzt. Rheindahlen war zuvor zu einem Drittel niedergebrannt worden. Die meisten Gladbacher hatten die Flucht ergriffen. Nach Abzug der Hessen und Weimarer zogen wieder die Kaiserlichen in Gladbach ein. Hessen plünderten indessen ständig in der Umgebung. Vermutlich durch Brandstiftung ging Rheindahlen 1647 in Flammen auf. 1652 brannte Gladbach. Ursache war Unachtsamkeit gewesen.

Nach dem Ende des Dreißigjährigen Kriegs war die Bevölkerung völlig verarmt, die Städte Gladbach und Rheindahlen plagten hohe Schulden, Handel und Gewerbe lagen darnieder, und die Gefährdung durch marodierende ehemalige Soldaten gehörte zum Alltag. Auch die folgenden Kriege ließen die Mönchengladbacher nicht zur Ruhe kommen. So wurden sie etwa im 18. Jahrhundert durch den Siebenjährigen Krieg zwischen Preußen und Österreich in Mitleidenschaft gezogen. Hohe Kontributionen schadeten der Bevölkerung und der Wirtschaft unübersehbar, ebenso Einquartierungen. Ruhige Zeiten waren selten und der Einmarsch der Franzosen 1794 der Endpunkt einer langen Kette von kriegerischen Ereignissen.

Arm und Reich

In GLADBACH bestand ein ausgeprägtes Zunftsystem, dessen Anfänge bis ins 15. Jahrhundert zurückreichen, und das für das Wirtschaftsleben der Stadt von großer Bedeutung war. Die Angehörigen der Oberschicht gehörten vor allem der Krämerzunft an. Sie stellten die meisten Bürgermeister und Ratsherren. Ihre Waren (Tuche, Waffen) verkauften sie über ein Vertriebsnetz von darauf spezialisierten Händlern. Man spricht in diesem Zusammenhang von Verlagssystem. Neben den Angehörigen der Krämerzunft zählten auch der Schultheiß der Abtei, der Vogt des Herzogs und die Pächter der großen Höfe zur Oberschicht. Die Mittelschicht bildeten die Weber, von denen viele im Nebenerwerb ein wenig Landwirtschaft betrieben. Die Unterschicht bestand aus den Kleinbauern, Knechten, Dienstmägden und Tagelöhnern. Die Armen wurden von der Gladbacher Abtei versorgt. Sie unterhielt dafür das Gasthaus, an das noch heute die Gasthausstraße erinnert. Der Versuch der städtischen Verwaltung, es zu übernehmen, wurde Ende des 16. Jahrhunderts unter Abt Vitus Ulricus (1583–1587), der aus Gladbach stammte, verhindert. Trotz der hohen Kosten sah der Abt in der

Armenpflege eine seelsorgerische Aufgabe, die er sich nicht nehmen lassen wollte. Im 18. Jahrhundert gab es in Gladbach einen „Betteljäger", dessen Aufgabe vermutlich darin bestand, ortsfremde Arme aufzugreifen und aus der Stadt zu verbannen.

In RHEINDAHLEN existierte nur eine winzige Führungsschicht, die aus dem herzoglichen Vogt und den Schöffenfamilien, denen die großen Höfe gehörten, den Wirten und der Geistlichkeit bestand. Es überwog der Unterbau, den die kleinen Bauern und Handwerker, die Knechte und Mägde, die Tagelöhner und schließlich die Armen bildeten. Besonders reiche Rheindahlener gab es nicht.

In RHEYDT ist eine stärkere Abstufung für Ende des 18. Jahrhunderts nachzuweisen. Dort finden wir Großhändler und die Besitzer der bedeutenden Höfe als oberste Stufe vor, es folgen einige Gewerbetreibende und Weber, endlich das Gros der Bauern und der Tagelöhner, die in armseligen Verhältnissen lebten. Die unterste Stufe waren die auf fremde Hilfe angewiesenen Armen. In Rheydt treffen wir auch auf einen reichen Familienclan. Es sind die miteinander verschwägerten Familien Lenssen, Peuchen und Pferdmenges. Cornelius Lenssen besaß schon 1765 eine Leinenmanufaktur, die vielen Menschen im Umkreis Arbeit bot. Die Familie Lenssen war reicher als die Herren von Bylandt.

In ODENKIRCHEN gab es eine kleine Oberschicht aus den vermögenden Besitzern der schon zu Ende des 18. Jahrhunderts anzutreffenden Manufakturen, die zumeist Baumwolle verarbeiteten. Die Manufakturbesitzer gehörten fast ausschließlich der reformierten Gemeinde an. Die Katholiken stellten die Masse der „blutarmen Leute".

In WICKRATH bestand eine kleine bäuerliche Oberschicht, die vielleicht 10 Prozent der dortigen Bevölkerung ausmachte. Der Herr zu Wickrath überragte alle. Die Ungleichheit zwischen Herren und Untertanen zeigte sich deutlich. Die meisten Bauern waren nicht in der Lage, allein von den Erträgen aus ihrer Landwirtschaft und der Viehhaltung wegen der zu kleinen Betriebsgrößen zu überleben und mussten deshalb als Weber oder Handwerker im Nebenerwerb ihre Einkünfte aufstocken.

In GIESENKIRCHEN hatten zwar die Herrn von Dorth zu

Horst wie die Bylandts in Rheydt und die Quadts in Wickrath eine herausgehobene Stellung, doch war ihre wirtschaftliche Ausstattung zu gering, um den vom Adel erwarteten Lebensstil ausfüllen zu können. 1781 blieb Graf Clemens Zeno von Dorth zu Horst wegen seiner Überschuldung nichts anderes übrig, als seinen Besitz versteigern zu lassen. Die ländliche Bevölkerung in Giesenkirchen bestand aus der oberen Gruppe der so genannten Meistbeerbten. Es folgte eine Mittelschicht mit etwas Landbesitz. Sie blieb nicht vor Armut gefeit. Dann schloss sich die Gruppe der Bauern an, die überwiegend von der Viehhaltung lebte und noch gefährdeter war. „Das soziale Schlusslicht bildete eine vollkommen mittellose Armutsschicht", die auf wohltätige Hilfe hoffte. Durch gewerbliche Heimarbeit als Weber konnte sie ihre Armut nicht wettmachen. Außerdem existierten noch gesellschaftliche Randgruppen. Es waren jene Menschen, die sich „aus blanker Not" als Bettler, Hausierer, Scherenschleifer, Korbmacher, Kesselflicker und so weiter „ernähren mussten" (W. Daugsch).

Lesen und Schreiben

In Mönchengladbach gab es in der Frühen Neuzeit eine Reihe von Schulen, die zumeist von Jungen besucht wurden. In Rheindahlen, Wickrath und Gladbach bestanden auch Mädchenschulen, die ihre Schülerinnen mit Lesen und Schreiben vertraut machten.

Der Unterricht für die Jungen ging in Gladbach, Rheindahlen, Rheydt und Wickrath über die so genannte Küsterschule hinaus. Diese war, wie der Name schon sagt, eine schulische Einrichtung, in welcher der Küster neben seinen Hilfsdiensten in der Kirche auch Unterricht gab. In den genannten Orten wurde sowohl eine deutsche als auch eine lateinische Schule unterhalten. Die deutsche entsprach einer Art Grundschule zum Erlernen von Lesen, Schreiben und Rechnen. Höhere Anforderungen stellte die Lateinschule, die auf das Studium vorbereitete.

Während in Rheindahlen die Schulmeister von der Stadt

Ambrosius Steingens, Gladbacher Abt von 1680 bis 1703.

angestellt waren, ernannte in Gladbach die Abtei die Lehrer. Darauf legte sie besonderen Wert und ließ sich dieses Recht Mitte des 17. Jahrhunderts vom Landesherrn ausdrücklich bestätigten. Das geschah nicht so sehr des Prestiges wegen, sondern vor allem deshalb, weil dadurch gewährleistet schien, dass der Unterricht auch zum Erhalt des rechten katholischen Glaubens genutzt wurde, wie es damals hieß. Den Unterhalt der Schulen ließ sich die Abtei einiges kosten: Wie viel Bedeutung sie den katholischen Schulen beimaß, zeigt sich darin, dass 1685 Abt Ambrosius Steingens ein Haus mitten im Zentrum der Stadt am Markt kaufte, in dem die deutsche Schule untergebracht wurde und in welchem sowohl der deutsche wie der lateinische Schulmeister wohnten. Eine besondere schulische Situation ergab sich in Wickrath. Hier wurde 1681 sogar eine interkonfessionelle Schule eingerichtet, an der ein katholischer Lehrer wirkte, den die Kreuzherren beriefen. Sie hielt sich bis etwa 1695. Dann existierten nebeneinander eine reformierte und eine katholische Schule im Zentrum von Wickrath. Eine weitere Schule für die Reformierten bestand in Wickrathberg. Ferner gab es je eine katholische und eine reformierte Lateinschule, die eine im Flecken Wickrath, die andere in Wickrathberg. Die Wickrather Lateinschule besuchte der spätere Kölner Generalvikar Johannes Gelenius (1585–1631). Er wurde zu einem der bedeutendsten Köpfe der katholischen Reform im Rheinland des 17. Jahrhunderts.

Weinende Mönche : Das Ende der Gladbacher Abtei

Aus den umfangreichen Aufzeichnungen des Gladbacher Webers Mathias Wirtz (1750–1823) erfahren wir neben anderem auch Einzelheiten über seine Heimatstadt während der französischen Zeit. Als im Oktober 1794 die Franzosen Mönchengladbach besetzten, notiert er, sie hätten gewaltige Kontributionen gefordert und wertloses Papiergeld ausgegeben, die Seelsorge behindert, Prozessionen, Wallfahrten sowie religiöse Zeichen verboten und die Klöster geschlossen.

Besonders schmerzhaft war die Vertreibung der Gladbacher Benediktiner. Darüber erfahren wir von Cornelius Kirchrath (1752–1824), dem letzten Prior der Abtei. Er schreibt, dass am 11. Oktober 1802 die letzten 31 Mönche ihr Kloster unter Tränen verlassen hätten. Abt Maurus Ahn (1751–1821) war schon am Tag zuvor nach Bardenberg (Stadt Würselen/Kreis Aachen) gegangen, wo er herstammte und später auch gestorben ist. Bereits 1801 hatten die neuen Machthaber die berühmte Bibliothek, die geistige Grundlage der Mönchsgemeinschaft, aufgelöst und die meisten ihrer Bücher nach Köln abtransportieren lassen. Obgleich eine Auflösung der Klöster in den französisch besetzten Gebieten links des Rheins zu erwarten war, machten sich die Gladbacher Benediktiner Illusionen und wählten 1799 nach dem Tod des Abtes Lambert Raves (* 1713) Maurus Ahn zu seinem Nachfolger. Doch 1801 wurden im Frieden von Lunéville die linksrheinischen Gebiete endgültig Teil des französischen Staatsgebiets, sodass dessen Gesetze auch hier galten. Infolgedessen wurde am 8. Juni 1802 dem letzten Gladbacher Abt das Auflösungsdekret der Abtei ausgehändigt. Damit ging eine 828-jährige Geschichte zu Ende.

Von der Zeit der Franzosen bis zum Ende des Ersten Weltkriegs

Die Zerstückelung Gladbachs

Die Stadt Gladbach wurde von den Franzosen schlecht behandelt. Sie blieb 1798 nur ein halbes Jahr Sitz des gleichnamigen Kantons. Auch das war nicht viel, denn innerhalb eines französischen Departements bildete der Kanton die vorletzte Stufe der Verwaltungsgliederung. Warum er so schnell wieder aufgelöst und stattdessen der Kanton Neersen geschaffen wurde, ist nicht ganz geklärt. Für das Dorf Neersen (heute Stadt Willich/Kreis Viersen) sprach wohl seine bessere zentrale Lage und seine gute Anbindung an die Straße von Krefeld, Sitz der Verwaltung des Arrondissements, sowie nach Aachen, Sitz des Präfekten des Département de la Roer.

Aber Gladbach verlor nicht nur den Kantonssitz, sondern obendrein seine Einheit, weil es nicht ohne Willkür in fünf Gemeinden aufgeteilt wurde. Bis zum Untergang des Alten Reichs war das Gladbacher Gebiet schon in die vier Bezirke Gladbach (innere Stadt), Niedergeburt, Obergeburt und Hardt unterteilt gewesen. Jetzt zerlegte man Niedergeburt noch einmal in die zwei Teile Oberniedergeburt (Teile von Speick und Hermges, Hardterbroich, Pesch, Uedding, Eicken) und Unterniedergeburt (Bettrath, Hoven, Damm und Donk). Grund dafür mögen steuerliche Gründe und die Absicht gewesen sein, im Departement überschaubare Gemeinden zu errichten, von denen keine mehr als 5.000 Einwohner haben sollte. Das unzerteilte Gladbach hätte es nämlich auf die etwa doppelt so hohe Einwohnerzahl gebracht. Andererseits müssen die neuen Machthaber bemerkt haben, dass sie bis auf Gladbach-Stadt künstliche Gebilde ohne irgendeinen Mittelpunkt geschaffen hatten. Deshalb ließen sie häufig einzelne Gemeinden zusammen verwalten. Was Gladbach blieb, war lediglich die Kantonalpfarre, um die sich auch Neersen bemüht hatte. Außerdem wurde in Gladbach im ehemaligen Kapuzinerkloster die Gendarmerie unter-

Die fünf Mairien in Mönchengladbach

0   4 km

━━━ Grenzen von Mönchengladbach und seinen Mairien während der französischen Herrschaft

▨▨▨ Heutige Stadtgrenze von Mönchengladbach

── Die Niers und der Nordkanal in der frühen Neuzeit

── Der heutige Verlauf der Niers

Kartographie: H. Krähe

Die Gladbacher Mairien (Bürgermeistereien) zur französischen Zeit.

gebracht und der Steuereinnehmer für das alte Gesamt-Gladbach angesiedelt. Eine Auszeichnung war es für den früheren zentralen Ort, dass hier eine Art Gewerbegericht *(conseil de prud´hommes)* seinen Sitz nahm. Die meisten Textilunternehmer lebten nun einmal in Gladbach-Stadt. Aber das Friedensgericht und der Notar residierten dennoch in Neersen.

Die Herrschaft Wickrath und die Unterherrschaft Rheydt wurden nicht zergliedert. Rheydt und Wickrath kamen 1798 zum Kanton Odenkirchen, dem ferner die gleichnamige Gemeinde mit Zoppenbroich sowie Rheindahlen, Wanlo, Giesenkirchen mit Horst und Schelsen angehörten. So war die kommunale Neuordnung von 1975 eine Zusammenlegung des französischen Kantons Odenkirchen mit den fünf früheren Gladbacher Mairien.

Durch ihre „Versetzung an den Rhein" (T. Nipperdey) auf dem Wiener Kongress 1814/15 folgten auf die Franzosen die Preußen. Sie machten Gladbach zur Kreisstadt, wodurch es seine zentrale Bedeutung wiedererhielt. Zum 1816 gebildeten Kreis gehörten u. a. die Bürgermeistereien (Rhein-)Dahlen, Gladbach, Obergeburt, Oberniedergeburt, Odenkirchen, Rheydt, Schelsen und Unterniedergeburt, die schließlich alle Teile der heutigen Stadt Mönchengladbach geworden sind.

Die wirtschaftliche Entwicklung

Die bergische Konkurrenz wird ausgeschaltet

Der oben erwähnte Gladbacher Weber Wirtz stellte nach zwei entbehrungsreichen Jahren von 1794 bis 1796 fest, dass danach ein wirtschaftlicher Wandel spürbar geworden sei. Jeder, „der nur arbeiten wollte und konnte", habe Geld verdient „und Arbeit genug" gehabt. Besonders für die Bauern veränderten sich die Verhältnisse grundlegend. Sie waren jetzt von den letzten noch verbliebenen Abgaben an die Landesherrschaft oder die Abtei befreit und verfügten über ihren Grund und Boden als freies Eigentum. Die Pachtgüter der Abtei hatten die Franzosen versteigern lassen. In Gladbach griffen viele Reformierte zu, aber auch die Katholiken hielten sich nicht zurück, wenn sie vermögend genug waren.

Ein ebenso tiefer Einschnitt in die bestehenden Verhältnisse war die Beseitigung des Zunftwesens und die Einführung der Gewerbefreiheit. Natürlich nahmen auch die Franzosen Steuern ein, und das nicht zu knapp. Aber insgesamt wurde das Steuersystem überschaubarer als zuvor. Besonders die Aufnahme der Rheinlande in das ausgedehnte französische Wirtschaftsgebiet mit seinem Schutzzollsystem wirkte sich positiv aus, weil dadurch die bisherige Konkurrenz jenseits des Rheins nach und nach beseitigt werden konnte. Die Wirtschaftsblockade gegenüber Großbritannien, in welche die linksrheinischen Gebiete ab 1798 mit einbezogen wurden, traf die Mönchengladbacher Textilbranche zunächst zwar hart. Doch wurde daraufhin den Leinenwebern, welche die hier aus Flachs gewonnenen Garne verarbeiteten, der Zugang zu den niederländischen Bleichen erleichtert, und 1801 schalteten die Franzosen endgültig die Konkurrenz aus dem Bergischen Land aus. Außerdem wurde ab 1806 den hier schon vor der Mitte des 18. Jahrhunderts ansässigen Baumwollwebern mit einem Schutzzoll geholfen.

Gerne wird erzählt, durch die so genannte Kontinental-
sperre seien ab 1801 bergische Textilunternehmer nach Mönchengladbach gekommen. Das ist richtig, aber einige hatten
schon vor der französischen Zeit hier Stützpunkte unterhalten
und arbeiten lassen. Bereits 1747 beschäftigte zum Beispiel ein
Elberfelder Kaufmann in Gladbach und Umgebung 100 Baum-
wollspinner und 200 Baumwollweber. Außerdem sollte man
nicht die einheimischen Mönchengladbacher Textilfamilien
vergessen, die ebenfalls nicht geringen Anteil an der wirtschaftlichen Blüte in der französischen Zeit hatten.

Rheinisches Manchester

Ab Anfang des 19. Jahrhunderts entstand in Mönchengladbach
ein von den Franzosen gefördertes Zentrum der Baumwollverarbeitung. In den fünf Gladbacher Mairien wurden 1804 bereits
10 000 Stück Baumwolltuch hergestellt. In anderen heutigen
Mönchengladbacher Stadtteilen sah es ähnlich aus: In Rheydt
gab es 1807 24 Baumwollmanufakturen mit über 1400 Arbeitern. Drei Jahre später beschäftigte dort die Baumwollspinnerei
Lenssen und Peuchen 200 Arbeiter im eigenen Betrieb und
4.000 in Heimarbeit. In Odenkirchen bestanden 1804 drei
Baumwollwebereien mit 58 Arbeitern, und drei Jahre später
wurde zum ersten Mal die Baumwollspinnerei in Zoppenbroich erwähnt. Eine Generation später, 1836, liefen in und um
Gladbach ungefähr ein Viertel aller Baumwollspindeln in der
preußischen Rheinprovinz. Um die Jahrhundertmitte lassen
sich in Gladbach, ferner in Odenkirchen, Rheindahlen, Rheydt
und Wickrath außerdem noch Leinen- sowie Samt- und Sei-
denweberei nachweisen.

Während die Spinnereien fast gänzlich fabrikmäßig betrieben wurden, entstanden die Baumwoll-, Leinen-, Samt- und
Seidentuche noch in Heimarbeit. Ab den 60er-Jahren des
19. Jahrhunderts war dann der Siegeszug der mechanischen
Webstühle, deren erste Exemplare aus England kamen, nicht
mehr aufzuhalten. Deshalb gehörte vor der Wende vom 19. auf
das 20. Jahrhundert der Handwebstuhl endgültig der Vergan-

genheit an. Im Mittelpunkt stand jetzt die fabrikmäßige Baumwollverarbeitung, die sich in Gladbach, Rheydt und Odenkirchen ansiedelte. Damit ging ein Wandel des sozialen Gefüges einher: Aus den einstigen Textil-Handwerkern, die seit Jahrhunderten im eigenen Haus im Kreis der Familie gearbeitet hatten, waren als Ergebnis der Industriellen Revolution Industriearbeiter geworden.

Konjunktureinbrüche mit Entlassungen der Arbeiter und Fabrikschließungen erlebte die Mönchengladbacher Textilbranche immer wieder. Sie spürte etwa die Folgen des nordamerikanischen Bürgerkriegs von 1861 bis 1865, als die von dort bezogene Rohbaumwolle ausblieb. Indirekt traf sie auch der deutsch-französische Krieg 1870/71, weil ihr nach dem Anschluss von Elsass-Lothringen die dortige Textilindustrie zur neuen Konkurrenz wurde.

Auch im Wettbewerb mit den billigeren englischen und belgischen Garnen mussten die Mönchengladbacher Spinnereien Federn lassen. Doch galt um 1880 dieser Konjunkturrückgang als überstanden. Die Textilindustrie erholte sich so gut, dass kurz vor dem Ersten Weltkrieg ein Drittel aller in den preußischen Provinzen Rheinland und Westfalen arbeitenden Spinnmaschinen und Webstühle im heutigen Mönchengladbach standen.

Wenn zu Ende der 1870er-Jahre Gladbach als „Rheinisches Manchester" bezeichnet wird, steckt dahinter auch ein wenig eine Anspielung auf die schlechten Arbeitsbedingungen in der Textilindustrie. Aber um 1900 war das Etikett schon zu einem Gütezeichen geworden.

Mönchengladbach zieht an

Vor der Mitte des 19. Jahrhunderts taucht zum ersten Mal ein in Gladbach gefertigtes Kleidungsstück auf: die Gummi-Elastik-Hose. Um sie wurde 1844 vor Gericht zwischen dem Tuchfabrikanten und dem „Kleidermacher" wegen des Lohns gestritten. Ab den 70er-Jahren des 19. Jahrhunderts gibt es dann vermehrt Nachrichten über Kleiderproduktion in München-

Ansicht mit Abteiberg von Süden. – Stahlstich von Johann Gabriel
Friedrich Poppel, um 1855.

gladbach in Heimarbeit. Danach ging man zu einer Mischung
von Fabrik- und Heimarbeit über. Die erste große Bekleidungs-
fabrik „Müller und Hager" begann 1889 in Rheindahlen mit
ihrer Produktion.

Mit der Textilindustrie verbunden

Beim Betrachten der Geschichte anderer Mönchengladbacher
Industriezweige stößt man immer wieder darauf, dass sie irgend-
wie mit der Textilindustrie zusammenhängen. Dafür einige Bei-
spiele: Um 1860 entsteht die Textilmaschinenindustrie, die aus
Reparaturwerkstätten hervorgeht. Auch das 1898 gegründete
Kabelwerk in Rheydt hat einen „textilen" Ursprung. Eine Garn-
spinnerei „nahm Ende der 70er- Jahre des 19. Jahrhunderts
zunächst in kleinem Umfang mit seinen vorhandenen Maschi-
nen durch Umspinnen und Umflechten die Isolierung von
dünnen Kupferdrähten auf" (W. Fränken). Die zweite elektro-

technische Fabrik stellte ebenfalls zuerst Elektromotoren für die Textilindustrie her, ehe sie in den 90er-Jahren des 19. Jahrhunderts kommunale Elektrizitätswerke baute und einrichtete. Insgesamt waren in der Metallbranche unter Einschluss der Handwerksbetriebe damals in Gladbach 1.700 bis 1.800 und in Rheydt 1.200 bis 1.300 Arbeitnehmer beschäftigt.

Im Laufe eines halben Jahrhunderts hatte sich das Metallgewerbe zum zweitwichtigsten Beschäftigungsbereich in Mönchengladbach entwickelt. Den Textilmaschinenbauern gelang es außerdem, sich aus der Abhängigkeit von der heimischen Textilindustrie zu befreien und auf dem Weltmarkt Fuß zu fassen.

Es mag zunächst verwundern, wenn man die Papier- und Druckindustrie ebenfalls in einen Zusammenhang mit der Textilindustrie bringt. Aber wenn man bedenkt, dass die Papierindustrie Pappen und Buntpapier für die Verpackung sowie Papierhülsen für die Spinnereien herstellte und die Druckereien den Textilfirmen Formulare, Rechnungsvordrucke, Briefköpfe, Frachtbriefe, Etiketten und Ähnliches lieferten, so scheint das nicht mehr weit hergeholt. Eine der hiesigen Druckereien wurde weltweit bekannt: Es war die 1825 gegründete Steindruckerei Bernhard Kühlen, die vor allem Heiligenbildchen herstellte, u. a. auch für die katholischen Missionare, die sie um die Welt trugen. So wurden Gladbacher Heiligenbildchen vom Rhein bis an den Ganges gebracht.

Mit der Industrialisierung in Mönchengladbach ganz allgemein hat die Entstehung der Schuhfabriken in Gladbach und Rheydt zu tun. Diese lieferten Schuhe und Stiefel für die Arbeiter. Doch waren sie kein wichtiger Faktor für die Mönchengladbacher Industrielandschaft. Von großer Bedeutung war jedoch die Wickrather Lederfabrik. Sie wurde 1855 von Zacharias Spier (1836–1901) aus Rees am Niederrhein gegründet und stellte 1867 die erste Dampfmaschine auf. 1889 wurde sie Aktiengesellschaft, entwickelte sich zum größten Arbeitgeber in Wickrath und wuchs zu einer der einflussreichsten Lederfabriken Deutschlands heran. 1990 ging sie in Konkurs.

Das hier 1839/40 entstehende staatliche Pferdegestüt band zwar nicht viele Arbeitnehmer an sich, doch wurden die hier ab

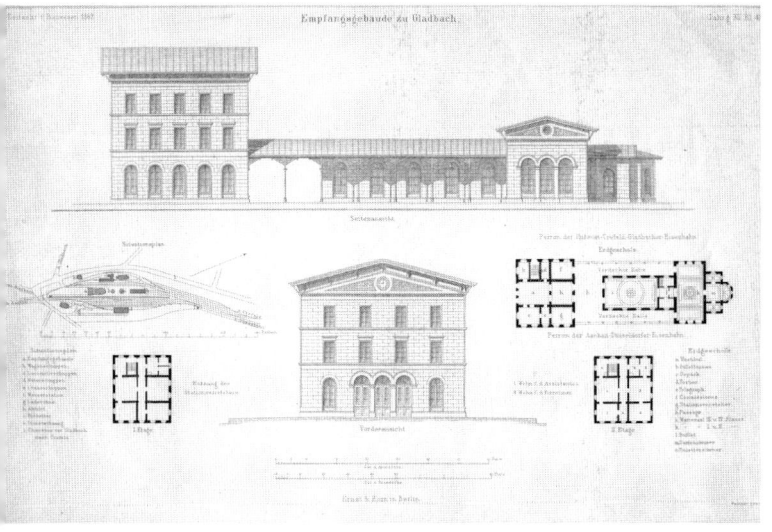

Pläne des Gladbacher Personenbahnhofs, 1862.

1876 gezüchteten starken Kaltblutpferde „belgischen Typs" wichtige Helfer für die höhere Ansprüche stellende Landwirtschaft und machten Wickrath weit über seine Grenzen hinaus bekannt.

Zieht man einen Schlussstrich unter die industrielle Entwicklung Mönchengladbachs von der Mitte des 19. Jahrhunderts bis zum Ersten Weltkrieg, so fällt auf, dass Gladbach, Rheydt und Odenkirchen sich zu Industriestädten mit textilem Schwerpunkt entwickelten, dass Wickrath und Rheindahlen eher ländlich geprägt blieben und diese nur durch die Lederfabrik beziehungsweise durch die Kleiderfabrik ein wenig Anschluss an die Industrialisierung fanden.

Eisenbahnbau

Einen großen Anteil am wirtschaftlichen Aufschwung verdankt Mönchengladbach der frühen Anbindung an das Eisenbahnnetz und seinem schnellen Ausbau. 1847 kam es zur Gründung der „Ruhrort-Crefeld-Kreis Gladbacher Eisenbahn-Actiengesellschaft". Nach vier Jahren, 1851, konnte die Strecke von Glad-

97

bach nach Viersen eröffnet werden, wodurch ein Anschluss nach Krefeld und (Duisburg-)Ruhrort erreicht war. Die Verbindung nach Rheydt wurde 1852 fertig. Ein Jahr später nahm man die Strecke (Düsseldorf-)Oberkassel-Neuss-Gladbach in Betrieb. Von Rheydt aus bestand ein Anschluss nach Aachen. Dann dauerte es einige Jahre bis neue Strecken entstanden: 1866 folgten der Anschluss über Viersen nach Venlo in den Niederlanden, 1870 die Verbindung Gladbach-Rheydt-Geneicken-Odenkirchen, 1877 die Verbindung Linn-Krefeld-Neersen/Neuwerk-Gladbach-Bökel Rheydt und Neuss-Neersen/Neuwerk, ein Jahr später Neersen/Neuwerk-Viersen und 1879 der Anschluss über Rheydt und Dalheim (heute Stadt Wegberg/Kreis Heinsberg) nach Roermond in den Niederlanden. Diese Eisenbahnlinie ging nach Antwerpen, dem belgischen Seehafen, weiter. Volkstümlich hieß sie Baumwollbahn, weil über sie teilweise die Anlieferung der Baumwolle erfolgte. Länger ließ nur die Verbindung nach Köln über Grevenbroich auf sich warten, die erst ab 1899 gebaut wurde. Danach, um die Wende vom 19. zum 20. Jahrhundert, war Gladbach endgültig zu einem bedeutenden Eisenbahnknotenpunkt geworden.

Soziale Fragen

Kinderarbeit

In der Zeit der Frühindustrialisierung wurden vor allem in den Spinnereien in Mönchengladbach Kinder als Arbeitskräfte eingesetzt. Das führte dazu, dass zum Beispiel 1828 etwa ein Drittel der schulpflichtigen Kinder nicht zur Schule ging, weil sie in der Fabrik arbeiteten. Die Erwerbsarbeit von Kindern unter 14 Jahren wurde im Allgemeinen zunächst nicht als Missstand erkannt, denn auch bei der Heimarbeit und in der Landwirtschaft galt die Mithilfe der Kinder als selbstverständlich. Die preußischen Gesetze von 1839 und 1853 gegen die Kinderarbeit waren in der Hausweberei unbeachtet geblieben. Ferner benötigten viele Familien den Lohn ihrer in der Fabrik arbeitenden Kinder, um überleben zu können. Nicht selten mussten die Kinder bis zu 12 Stunden pro Tag arbeiten. Damit sie nicht gänzlich zu Analphabeten wurden, gab es hier und da für sie Fabrikschulen. Aber das half nicht gegen die Kinderarbeit. Als 1840 der katholische Gladbacher Pfarrer die Schulkinder inspizierte, stellte er zu seinem Entsetzen fest, dass nur die Hälfte geläufig lesen und schreiben konnte. Der Gladbacher Landrat Franz Heinrich Rumschöttel (1795–1853) bestätigte 1852 die-

Kinderarbeit in einer Mönchengladbacher Spinnerei. – Zeichnung nach Hermann Busch, um 1850.

sen Befund und fand, die vorgesehenen Strafen gegen Kinderarbeit seien viel zu gering und daher nicht abschreckend. Die Schulinspektoren würden zudem von Eltern angefleht, ihnen zu bescheinigen, dass ihre Kinder über Grundkenntnisse im Lesen und Schreiben verfügten, ohne dass dies der Fall sei. So versuchten sie, die Schulpflicht zu umgehen und schickten die Kinder weiter in die Fabrik. Erst im letzten Drittel des 19. Jahrhunderts war dann die Kinderarbeit weitgehend überwunden.

Frauenarbeit

Wie die Kinder so waren auch Frauen billige Arbeitskräfte, deren Löhne hinter denen der männlichen Arbeiter zurückblieben. Zumeist gaben die Frauen, wenn sie heirateten, ihren Arbeitsplatz in der Fabrik auf. Viele katholische Arbeitgeber beschäftigten sowieso keine verehelichten Frauen. Andererseits fehlten vielen jungen Fabrikarbeiterinnen, wenn sie eine Familie gründeten, Grundkenntnisse im Kochen, Nähen und in der Haushaltsführung. Dafür entstanden um die Mitte des 19. Jahrhunderts „Sonntagsschulen", die von Ordensschwestern, die sich auch um Kindergärten kümmerten, betreut wurden. Für die zugewanderten jungen Mädchen, die in der Mönchengladbacher Textilindustrie arbeiteten, schuf 1866 der Gladbacher Kaplan Heinrich Liesen (1840–1896) eigens ein Arbeiterinnen-Hospiz (= Wohnheim), das die Armen Dienstmägde Jesu Christi, eine katholische Schwesterngemeinschaft mit Sitz in Dernbach im Westerwald, übernahmen. 1868 erhielt das Hospiz an der Albertusstraße, mitten in einem „guten" Wohnviertel, einen Neubau. Dort wurden junge Arbeiterinnen nicht nur versorgt und beherbergt, sondern ferner auf ihren Beruf als Hausfrau und Mutter vorbereitet. 1881 veröffentlichte der in Gladbach entstandene Verband „Arbeiterwohl", hinter dem katholische Unternehmer vor allem aus dem Rheinland standen, ein kleines Buch mit dem Titel „Das häusliche Glück". Es war von Christine Dommerque, der hauswirtschaftlichen Leiterin des Hospizes verfasst worden, und stellte ein Lebenskunde- und Hauswirtschaftsbuch dar, das auch Kochrezepte für eine karge Küche enthielt. In diesem Zusammenhang wurde spöttisch von „katholische Knochensuppen" gesprochen.

Auf höherem Niveau war die 1870 als Privatschule gegründete „Fortbildungsschule in weiblichen Handarbeiten" angesiedelt. Sie geht auf Maria Lenßen (1836–1919) zurück, die aus einer wohlsituierten Rheydter Textilunternehmerfamilie stammte. Ihre Schule wandte sich an „die weibliche Jugend aller Volksschichten". 1882 wurde sie zur „Industrie- und Fortbildungsschule für Frauen und Mädchen" erweitert. Neben einer beruflichen Schulung bildete man dort auch Frauen in „künstlerischer Frauenarbeit" und Hauswirtschaft aus. Weitere Zweige kamen hinzu. Als 1902 Maria Lenssen die Schule dem Staat schenkte, erhielt sie den Namen „Königliche Handels- und Gewerbeschule für Mädchen in Rheydt, verbunden mit Pensionat, Haushaltungsschule und Lehrerinnenbildungsanstalt".

Keine Mietskasernen

Auffallend für Besucher Mönchengladbachs Ende des 19./Anfang des 20. Jahrhunderts war das Fehlen von „Mietskasernen". Das hatte verschiedene Ursachen. Durch den Bau der Straßenbahn, über die wir später noch mehr hören, und durch den schnellen Ausbau ihres Schienennetzes wurden die Fabriken auch für die Bewohner der Außenbezirke gut und bequem erreichbar. Die arbeitende Bevölkerung konnte in ihren Ortsteilen wohnen bleiben, wo viele ein kleines Haus besaßen. Aus sozialen Motiven bot die Straßenbahnverwaltung den Arbeitern zudem vergünstigte Fahrkarten an.

Ein weiterer Grund, warum in Mönchengladbach das Einfamilienhaus vorherrschte, war die Möglichkeit, preisgünstige Siedlungshäuser zu erwerben, wie sie die 1869 von Gladbacher Unternehmern gegründete Aktienbaugesellschaft anbot. Um die Wende vom 19. zum 20. Jahrhundert lebte ein Viertel der Arbeiterbevölkerung in Häusern dieser von den Arbeitgebern getragenen Gesellschaft.

Die politische Entwicklung

1848/49: Gladbacher Demokraten gegen Rheydter Monarchisten

Sowohl in Gladbach als auch in Rheydt gehörten die meisten der führenden Unternehmer den calvinistisch geprägten evangelischen Gemeinden an. Ihre Familien diesseits und jenseits der Stadtgrenzen waren nicht selten miteinander verwandt. Außerdem hatten sie gemeinsame wirtschaftliche Interessen, und ihre Chefs saßen in der 1837 gegründeten Gladbacher Handelskammer einträchtig zusammen. So hätte man eigentlich von einem friedlichen Miteinander ausgehen können. Dass bei der Revolution von 1848 die Unterschiede in der politischen Gesinnung zwischen beiden Orten dann so deutlich erkennbar wurden, lag nicht zuletzt an den verschiedenen konfessionellen Bevölkerungsmehrheiten in Gladbach und Rheydt: In Gladbach gab es zu jener Zeit etwa 80 Prozent Katholiken und 20 Prozent Evangelische. In Rheydt war es fast genau umgekehrt, und die Evangelischen wollten in ihrer Mehrheit treue Untertanen des preußischen Königs sein, der auch ihr kirchliches Oberhaupt war.

Die Revolution von 1848 kam nicht wie ein Blitz aus heiterem Himmel: Das nicht eingelöste Versprechen König Friedrich Wilhelms III. (1770–1840) nach dem Wiener Kongress von 1815, den Bürgern der Rheinlande eine Mitwirkung bei der Gesetzgebung einzuräumen, hatte schon früh zu einer Verstimmung geführt. Bei der Julirevolution in Frankreich 1830 waren die Sympathien für die Franzosen in Gladbach unverkennbar. Das „Kölner Ereignis" 1837, womit der Streit der preußischen Regierung mit dem Kölner Erzbischof Clemens August von Droste-Vischering (1773–1845) wegen der konfessionsverschiedenen Ehen umschrieben wird, tat ein Übriges.

1847 berief König Friedrich Wilhelm IV. (1795–1861) endlich einen gesamtpreußischen Landtag nach Berlin. Da sich der

Vereinigte Landtag gegen alle liberalen Forderungen mit Mehrheit aussprach und im Februar 1848 die Monarchie in Frankreich gestürzt wurde, griff die revolutionäre Bewegung diesmal auf Preußen über. Im Gladbacher Gemeinderat stimmte am 16. März 1848 die Mehrheit gegen den Bürgermeister und für eine Petition an den König, in der Pressefreiheit, freies Vereinigungsrecht, bessere Vertretung der Bürger und Arbeiter im Landtag und eine gesamtdeutsche Volksvertretung verlangt wurden. Hinter diesen Petitionen stand u. a. der Gladbacher Arzt Konrad Bähren (1819–1863), der eine „revolutionäre" Vergangenheit hinter sich hatte. Als Student war er während der so genannten Demagogenverfolgung verhaftet und 1836 zu 6 Jahren Festungshaft verurteilt worden. Schon am 10. März 1848 hatte der Rheydter Beigeordnete Ernst Seyd im Gemeinderat einen ähnlichen Antrag wie der in Gladbach gestellt, dessen Kernsatz hieß: Der König solle einen vereinigten Landtag einberufen, „um über die Forderungen des Volkes Beschluss zu fassen." Der Rheydter Bürgermeister und die Mehrheit der Gemeindevertreter lehnten das Gesuch ab und meinten verschüchtert, Rheydt sei von zu geringer Bedeutung, um sich in einer so wichtigen Angelegenheit zu äußern. Seyd war empört und versammelte seine Anhänger in einem Wirtshaus um sich. Dort kam es zu einer Schlägerei zwischen den Seydschen Liberalen und den „königstreuen Konservativen". Der Bürgermeister David Büschgens (1782–1869) griff ein, beschwichtigte die Menge und dankte den „Preußen" für ihre „dem König gezeigte Anhänglichkeit". Damit wurde für jeden klar, was er über die Revolution dachte.

Als am 18. März 1848 nach dem Berliner Aufstand der preußische König die Pressezensur aufhob und die Ausarbeitung einer gesamtdeutschen Verfassung zusagte, beschloss der Gladbacher Gemeinderat mehrheitlich, das Rathaus illuminieren zu lassen. In Rheydt blieb es dunkel. Dort hielten die Honoratioren inzwischen zwar eine gewählte Volksvertretung für wünschenswert, versagten ihr aber eine Kontrolle über die Regierung. Um für Ruhe und Ordnung zu sorgen, stellten sie einen militärisch organisierten Sicherheitsverein als Bürgerwehr auf. So etwas gab es allerdings auch in Gladbach.

„Preußischer Lappen"

Am 26. Juni 1848 konnten die beiden Bürgermeister aus Gladbach und Rheydt durch „rechtzeitiges" Eingreifen verhindern,
dass die beiden Bürgerwehren auf einander losgingen. Am
27. Juni kam es dennoch zu einem bemerkenswerten Zwischen-
fall: Einige übereifrige Rheydter hielten es für angebracht, nach
ihrer Musterung für das Militär ihre antirevolutionäre Gesinnung
in Gladbach zu demonstrierten. Sie trugen Kokarden in den
preußischen Farben an ihren Hüten, die ihnen die Menge vom
Kopf riss. Drei Tage später marschierten weitere Rheydter mit
einer preußischen Fahne nach Gladbach. Sie wurde dem Fahnen-
träger, der bewaffnet war, entwunden. Bei dem Handgemenge
fiel ein Schuss, der ihn verletzte. Die Gladbacher Bürgerwehr
verhaftete ihn, wobei er geschlagen worden sein soll. Die Fahne
wurde zerstückelt. Mitglieder der Gladbacher Bürgerwehr hefte-
ten sich die Reste des „preußischen Lappens" an die Bajonette,
so berichteten jedenfalls einige Rheydter.

Am 7. August 1848 beschäftigte sich auch die Staatsanwaltschaft mit dem Vorfall und behauptete, die Gladbacher Behör-
den seien nicht fähig gewesen, die Rheydter vor groben Beleidi-
gungen und Beschädigungen ihres Eigentums zu schützen. In
Gladbach sei es wiederholt zu Exzessen gekommen, die eine
antipreußische Haltung offenbarten und einen die „protestanti-
sche Bevölkerung verfolgenden Charakter angenommen" hätten. Das war stark übertrieben. Doch die Gladbacher hatten eine
Menge von Eingaben zur Demokratisierung Deutschlands an
die Nationalversammlung in Frankfurt a. M. geschickt. Dahinter sollte, so wurde behauptet, die katholische Geistlichkeit
gestanden haben. Neben den politisch engagierten Priestern
gab es in Gladbach außerdem Demokraten, die sich in Vereinen
zusammengefunden hatten. Sie mussten nicht dazu animiert
werden, ihre politischen Forderungen nach Frankfurt zu sen-
den. Es kam wie gewollt: Bei den Maiwahlen 1848 trugen die
Katholiken in Gladbach einen glänzenden Sieg davon.

Die Begeisterung für eine Demokratisierung Deutschlands hielt seitdem an. So war es selbstverständlich, dass die
Wahl des Erzherzogs Johann von Österreich zum Reichsverweser am 29. Juni 1848 mit einem großen Volksfest in Gladbach

Einladung zu einem Volksfest am 7. August 1848 in Gladbach anlässlich der Wahl Erzherzog Johanns von Österreich zum Reichsverweser.

begangen wurde. Alles das machte den Ort später in den Augen der Staatsanwaltschaft suspekt.

Bei den Wahlen zur Zweiten Preußischen Kammer am 5. Februar 1849 kandidierte Konrad Bähren, der auch gewählt wurde. Aber in „schwarz-weißen (d. h. preußischen) Orten um Rheydt" waren Demokraten mit Steinen beworfen worden. Als die Nationalversammlung im Mai 1849 endgültig scheiterte, machten die Gladbacher Demokraten aus ihrer Enttäuschung keinen Hehl, hielten aber an ihrem Vorsatz fest, für ihre Überzeugung zu streiten. Ihre revolutionäre Gesinnung zeigte sich dann beim Zug nach Neuss am 10./11. Mai 1849. Dort sollte das Zeughaus gestürmt werden, um sich die nötigen Waffen zu verschaffen, mit denen man die Düsseldorfer Bürgerwehr versorgen wollte, die in Straßenkämpfe mit dem preußischen Militär verwickelt worden war. Dem Ruf, nach Neuss zu ziehen, folgten nicht nur die Gladbacher Bürgerwehr, welcher der Gemeinderat Gewehre und Munition ausgegeben hatte, sondern auch die Bürgerwehren von Rheindahlen, Hardt, Schelsen und Giesenkirchen, außerdem Eisenbahnarbeiter und einzelne Personen aus Rheydt, Odenkirchen und anderen Orten im Kreis Gladbach. Die Rheydter Bürgerwehr hatte eine Teilnahme ausdrücklich abgelehnt. Der Marsch nach Neuss wurde am 11. Mai klugerweise abgeblasen, als verstärkt Militär nach dort verlegt worden war.

Der Gladbacher Zug nach Neuss, der in einem Dialektgedicht um 1900 verewigt und ins Lächerliche gezogen worden ist, blieb nicht ohne Folgen. Im Juni 1849 wurden in Gladbach Soldaten einquartiert und die Regierung ließ die Gladbacher, nicht dagegen die Rheydter Bürgerwehr auflösen. Gladbach wehrte sich: Der dortige Landwehrverein forderte die Landwehrmänner auf, sollte es zu einer Einberufung zum Militär kommen, dieser nicht Folge zu leisten. Konrad Bähren und der „Bürgerverein zur Wahrung der Volksrechte" unter dem Gladbacher Kaufmann Maria Gerhard Brocke riefen außerdem im Juli 1849 zu einem Wahlboykott bei den erneuten Wahlen zum Abgeordnetenhaus auf. Der preußische Staat versuchte, Brocke zur Rechenschaft zu ziehen. Er und so genannte andere Rädelsführer des Zugs nach Neuss wurden am 26. Dezember 1849 in Düsseldorf vor Gericht gestellt. Dabei nahm Brocke kein Blatt vor den Mund und sprach während der Gerichtsverhandlung von den hohlen Versprechungen der deutschen Fürsten, vom Absolutismus, von einem „Heer kopfloser Beamter" und dem "verbrecherischen Attentat auf das Frankfurter Parlament". Zwar verwarnte ihn Gerichtspräsident daraufhin, doch das Gericht sprach ihn und alle anderen Angeklagten frei. Büßen mussten für die demokratischen Regungen in Gladbach der Landrat Joseph Anton van der Straeten (1775–1883), dem empfohlen wurde, sich pensionieren zu lassen, was er auch tat, und der Gladbacher Bürgermeister Christian Bacciocco (*1799), dessen Wiederwahl als Bürgermeister die Regierung 1852 ablehnte. Er bekam schließlich das Amt des Steuereinnehmers in Wermelskirchen, womit er zwar sein Auskommen hatte, aber weit genug von Gladbach entfernt blieb.

Rheydt überholt Odenkirchen, Rheindahlen und Wickrath

1856 verlieh Preußen Rheydt, Odenkirchen und Rheindahlen die Rheinische Städteordnung. Die drei Städte waren in ihrer Struktur damals schon sehr unterschiedlich. Odenkirchen hätte eigentlich gute Voraussetzungen gehabt, um im Wettlauf mit Rheydt mithalten zu können. Die Franzosen hatten es mit dem Sitz der Kantonsverwaltung, mit einer der fünf reformierten Konsistorialkirchen im Roer-Departement und einer Synagogengemeinde versehen. Seine Stadtfläche war ferner fast knapp um die Hälfte größer als die Rheydter. Doch 1824 hatte Rheydt bereits Odenkirchen an Bevölkerung überholt. Diese steigende Tendenz hielt an, und 1871 wohnten in Rheydt mit 13 766 Einwohnern etwas mehr als doppelt soviel Personen wie in Odenkirchen.

Was war geschehen? In Rheydt lebten schon zur Zeit des Ancien Regime im Gegensatz zu Odenkirchen Kaufleute, die über ein dichtes Netz von Abnehmern ihrer Waren verfügten. In Odenkirchen arbeiteten die Weber für Kaufleute von anderswo. Ferner stellten sich in Rheydt die Weber schon in der Zeit der Franzosen langsam auf die Baumwolle um: 1816 gab es nur noch 12 Leinenwebstühle, dafür aber 460 Baumwollstühle. In Odenkirchen hingegen hielt sich die Leinenproduktion länger: 1822 waren weiterhin 35 Leinenstühle in Betrieb und 1849 immer noch drei. In Rheydt finden wir spätestens ab 1831 überhaupt keine Leinenweber mehr.

Als dann in den 60er-Jahren des 19. Jahrhunderts die mechanisierten Webereien ihren Siegeszug antraten, stellten sich zwar beide Gemeinden auf die neue Produktionsweise um, nur dass in Odenkirchen die Handweberei sehr viel zögerlicher verschwand als in Rheydt. So blieb die wirtschaftliche Entwicklung Odenkirchens, das außerdem seine agrarische Färbung viel langsamer als die Nachbargemeinde verlor, immer hinter Rheydt zurück.

Noch krasser ist das Ergebnis eines Vergleichs zwischen Rheydt und Rheindahlen. Auch Rheindahlen hatte wie Odenkirchen zu Anfang des 19. Jahrhunderts eine größere Bevölkerung und ein wesentlich größeres Stadtgebiet. Aber schon 1828 kam es zum Gleichstand der Bevölkerungszahl beider Gemeinden, und dann wurde der Vorsprung Rheydts immer größer. 1905 hatte es Rheindahlen um das Fünffache überholt. Der Grund lag darin, dass Rheindahlen noch stärker als Odenkirchen die Industrialisierung „verschlafen" hatte, wie es der Historiker Horst Matzerath in einer Untersuchung vor 30 Jahren bemerkt hat. Die Handweberei konnte sich hier bis fast zur Wende vom 19. auf das 20. Jahrhundert behaupten. Rheindahlens Politik war es gewesen, sich auf die Grundversorgung der vor allem in Gladbach und Rheydt arbeitenden Rheindahlener zu beschränken und auf der landwirtschaftlich geprägten Tradition zu beharren. Das führte bei der Bevölkerung zu einer geringen Bereitschaft zu Innovationen und nicht zum Entschluss, sich anderen Berufen zuzuwenden. Diese Passivität machte die Stadt abhängig von auswärts getroffenen wirtschaftlichen Entscheidungen. Typisch für Rheindahlen ist der Umstand, dass besonders unverheiratete junge Männer der Stadt den Rücken kehrten, um sich anderswo eine neue Existenz zu suchen. Als einziges größeres Industrieunternehmen war hier die Firma Müller und Hager 1889 entstanden, über die wir oben berichtet haben.

Nicht so extrem fällt der Vergleich der Entwicklung im

19. Jahrhundert zwischen Rheydt und Wickrath aus. Wickrath übertraf zwar Rheydt an Fläche, aber es hatte von vornherein eine geringere Bevölkerungszahl. Auch hier hielt sich wie in Odenkirchen und Rheindahlen die Handweberei bis fast zum Ende des 19. Jahrhunderts, und die Landwirtschaft spielte ebenfalls eine bedeutende Rolle. Ein Glücksfall war für Wickrath jedoch die Gründung der Lederfabrik 1855, die zu einem der führenden Unternehmen ihrer Branche wurde. Dadurch versäumte die Gemeinde den Anschluss an die Industrialisierung nicht gänzlich.

Odenkirchen, Wickrath und Rheydt und die konfessionellen Veränderungen

In Rheydt, Wickrath und Odenkirchen hatten die Reformierten über Jahrhunderte die Mehrheit der Bevölkerung gestellt. 1814 erreichten die Katholiken in Odenkirchen erstmals ein leichtes Übergewicht. 1861 stieg ihre Zahl auf 54 Prozent, und 1905 bekannten sich zwei Drittel der Odenkirchener zur katholischen Konfession. In Wickrath kam es 1895 zum Gleichstand der beiden Konfessionen und 1905 stellten die Katholiken mit 51,2 Prozent die Majorität. Ähnlich verlief die Entwicklung in Rheydt. 1861 machten die Katholiken ein Drittel der Bevölkerung aus. Aber ihre Zahl nahm kontinuierlich zu. 1880 waren 40 Prozent der Einwohner katholisch, 15 Jahre später hatten die Katholiken mit 50,1 Prozent schon die Mehrheit, 1910 brachten sie es auf 55,2 Prozent. Aus dem im Jahr 1825 noch zu mehr als drei Vierteln protestantischen Ort war ein mehrheitlich katholischer geworden. Im Bewusstsein der Rheydter kam diese Veränderung kaum an. Da sich das preußische Dreiklassenwahlrecht nach dem Steueraufkommen richtete, konnte die immer noch mehrheitlich evangelische Oberschicht die Stadt bis 1918 regieren. Das gilt auch für Odenkirchen. Die Katholiken, die überwiegend der Unterschicht angehörten, waren zunächst eher unpolitisch und organisierten sich erst recht spät in der Zentrumspartei. Das erste katholische Stadtoberhaupt gab es in Rheydt übrigens erst nach dem Zweiten Weltkrieg.

Bleibt noch die Frage, wie es zu dem konfessionellen Wandel gekommen ist. Er war eine Folge der starken Zuwanderung aus dem überwiegend katholischen Umland und der höheren Geburtenrate der Katholiken. Am Rande sei vermerkt, dass mit der Übersiedlung der reformierten Unternehmer aus dem Bergischen Land nach Mönchengladbach kaum größere Mengen von evangelischen Arbeitern eingewandert sind. Dadurch konnte also kein Ausgleich geschaffen werden.

Gladbach, die verspätete Stadt

Während Rheydt, Odenkirchen und Rheindahlen 1856 die Rheinische Städteordnung verliehen wurde, dauerte es in Gladbach drei Jahre länger. Das hing mit der bereits beschriebenen Zerstückelung des Gladbacher Territoriums zusammen. 1845 hatte es zwar einmal den Versuch gegeben, Gladbach, Obergeburt und Oberniedergeburt zu einer Gemeinde zusammenzuschließen. Aber dagegen gab es Widerspruch, und der Gladbacher Bürgermeister verfolgte daher die Sache nicht energisch weiter. Eine 1856 gebildete Kommission hatte sich erneut dafür eingesetzt, weil sie meinte, Gladbach habe als Sitz der Kreisverwaltung, eines Friedens-, Handels- und Gewerbegerichts, wegen zweier Krankenhäuser, eines Eisenbahnanschlusses und als Standort vieler Fabriken längst den Charakter einer Stadt. Aber Obergeburt lehnte nach wie vor eine Zusammenlegung ab. Die Enttäuschung in Gladbach war groß. Zu einer rigorosen Lösung fand sich die preußische Regierung nicht bereit. Aber sie entschloss sich immerhin mit Wirkung vom 28. September 1858, Oberniedergeburt und einige Teile von Obergeburt mit Gladbach zu vereinigen. Allein schon durch diese „kleine Lösung" brachte es Gladbach auf knapp 14 000 Einwohner. Diese Spitzenposition im Umland hat es nie mehr verloren. Rheydt blieb stets hinter Gladbach zurück und konnte nur eine Behörde von zentraler Bedeutung, die auch für Gladbach zuständig war, an sich ziehen: 1899 wurde das Bezirkskommando, das sich um die Wehrerfassung kümmerte, von Erkelenz nach Rheydt verlegt. Ein kleiner Trost.

Honoratioren werden von Fachleuten abgelöst

Bis zur Wende vom 19. zum 20. Jahrhundert bestimmten die angesehensten Bewohner von Gladbach und Rheydt die Stadtpolitik aktiv mit. Es gab zwar seit den 20er/30er-Jahren des 19.Jahrhunderts hauptamtliche Bürgermeister, aber nicht wenige Verwaltungsarbeiten übernahmen die Stadtverordneten, die meist Fabrikanten waren, als ehrenamtliche Beigeordnete selbst. Die Bürgermeister hatten sich zuvor im militärischen oder „gehobenen" Verwaltungsdienst bewährt, ehe sie an die Spitze der Städte kamen. In Gladbach trat erstmals 1887 ein Jurist seinen Dienst in der Stadtverwaltung an. Es war Wilhelm Baumann, der erste hauptberufliche Gladbacher Beigeordnete. Rheydt ging 1893 einen Schritt weiter und wählte einen Rechtsanwalt, Dr. Wilhelm Strauß (1854–1901), in die Spitzenfunktion eines Bürgermeisters.

Die Wahl von Verwaltungsjuristen erwies sich als notwendig, weil es in den Städten an juristischem Sachverstand fehlte und die Verwaltungsgeschäfte nicht nur ständig gestiegen, sondern auch komplizierter geworden waren. Das löste außerdem eine immense Stellenvermehrung aus. Zu Zeiten des Gladbacher Bürgermeisters Viktor Kaifer (1831–1913), der 1876 seinen Dienst angetreten hatte und seit 1888 den Titel eines Oberbürgermeisters führte, schwoll zum Beispiel im letzten Vierteljahrhundert die Zahl der städtischen Bediensteten von 9 auf 70 an. Dabei sind die städtischen Polizisten nicht einmal mitberücksichtigt, obgleich die Polizeiverwaltung personell ebenfalls erheblich vergrößert worden war.

1900 erhielt auch Gladbach nach Wahl durch die liberale Mehrheit in der Stadtverordnetenversammlung einen Verwaltungsjuristen als Bürgermeister. Er hieß Hermann Piecq und kam aus Köln.

Hermann Piecq (1859–1920)

Seine Familie stammte ursprünglich aus Frankreich. Piecq hatte in Göttingen Jura und Nationalökonomie studiert und

Oberbürgermeister Hermann Piecq um 1903.

war schließlich 1891 in Köln zum Beigeordneten gewählt geworden. Am 31. März 1900 wählte ihn dann die Gladbacher Stadtverordnetenversammlung zum Bürgermeister. Er erwies sich als hervorragender Verwaltungsmann, was auch die Zentrumsleute bestätigten, die ihm 1912, als er zur Wiederwahl stand, ebenfalls ihre Stimmen gaben. Doch war das Verhältnis der Zentrumsminderheit zum Liberalen Piecq spannungsvoll. Generell hielten ihre führenden Vertreter das Dreiklassenwahlrecht für undemokratisch, da es „die kleinen Leute", die wenig Steuern zahlten, ausschloss. Auch bei anderen strittigen Fragen machte sich die Gladbacher Zentrumspartei zur Sprecherin der Mittel- und Unterschicht. Schon vor Piecq hatte sie sich mit der liberalen Mehrheit während des so genannten Kulturkampfs wegen der Verschmelzung des katholischen Progymnasiums mit der seit 1842 bestehenden Evangelischen Bürgerschule heftige Auseinandersetzungen geliefert. Außerdem hatte sie 1877 die Errichtung eines städtischen Lyzeums als Konkurrenz zur katholischen Töchterschule und zehn Jahre später die Gründung einer paritätischen Höheren Bürgerschule verhindern wollen. Alle Bemühungen der Zentrumspartei blieben erfolglos. Unter Piecq gingen die Kontroversen weiter. Einer der Streitpunkte war nun die Friedhofsfrage. Piecq setzte einen simultanen Begräbnisplatz für alle Toten durch, wodurch die Katholiken ihren Friedhof aufgeben mussten. Andere Zwistigkeiten sollen hier nicht einzeln aufgezählt werden. Eins konnte niemand bestreiten: Piecq hielt trotz der erheblichen Kosten für die Errichtung der städtischen Leitungsverwaltung, einer geordneten Stadtplanung, des Ausbaus der Straßen, der Kanalisation und einiger Großbauten (Kaiser-Friedrich-Halle, Hardterwald-Klinik, Wasserturm, Landgericht, Volksgartenhalle) die Finanzen stets in Ordnung.

Besondere Verdienste erwarb sich Piecq während des Ersten Weltkriegs, als er versuchte, der „Sozialnot, Versorgungsnot und Finanznot" (T. Gathen) Herr zu werden. Die Stadt hatte für die Familien der zum Kriegsdienst Eingezogenen" aufzukommen, musste sich um Lebensmittel kümmern und mit dafür sorgen, dass die Fabriken nicht still standen. Hart traf ihn die Nachricht vom Tod seines Sohnes Hermann (* 1894), der 1917 in Flandern gefallen ist.

Der Wasserturm von 1909 an der Viersener Straße.

In der Rheydter Stadtverordnetenversammlung gab es keine unterschiedlichen politischen Meinungen. Als 1902 die Zentrumspartei in Rheydt zum ersten Mal bei den Kommunalwahlen auftrat, sahen die Honoratioren darin schon eine Gefährdung des religiösen Friedens. In Wirklichkeit drückte sich darin aber die Furcht aus, an Macht zu verlieren und die Absicht, den Einfluss des Zentrums als Partei der Mittel- und Unterschicht so gering wie möglich zu halten.

Ausbau der Leistungsverwaltung in Gladbach und Rheydt

Was die Errichtung städtischer Versorgungseinrichtungen angeht, war Gladbach immer schneller als Rheydt. Dafür einige Belege: Dem schon 1858 eingerichteten Schlachthof in Gladbach folgte 1882 ein modernerer. Erst zehn Jahre später gab es überhaupt einen in Rheydt. Ähnlich verhielt es sich beim Wasserwerk. In Gladbach wurde es 1880 errichtet und versorgte zunächst auch die Nachbarstadt Rheydt. Doch acht Jahre später kündigte Rheydt den Vertrag, weil es nicht von Gladbach abhängig sein wollte. 1890 konnten dann die ersten Häuser mit Wasser aus einem eigenen Werk versorgt werden. Immerhin verständigte man sich mit Gladbach, als man über eine Straßenbahnlinie zwischen beiden Städten nachdachte. 1881 wurde eine Pferdebahn eingerichtet. Für die Umstellung auf eine elektrische Straßenbahn setzte sich mit Erfolg besonders der umsichtige Rheydter Bürgermeister Wilhelm Strauß (1854–1901) ein. Am 2. Februar 1900 fuhr dann die erste „Elektrische" zwischen beiden Städten. Die Vernunft hatte gesiegt. Aber wie vorsichtig man vorging, zeigt der Umstand, dass jede Stadt über ein eigenes Elektrizitätswerk den Strom für die Straßenbahn liefern sollte. Wenn auch ein einziges Werk für beide Städte billiger gewesen wäre, so beharrte man doch auf Selbstständigkeit bei der Elektrizitätsversorgung. Das erscheint uns heute wie ein Gruß aus Krähwinkel.

Ohne Eifersüchteleien konnte es aber auch zugehen: Die 1900 gegründete Preußische Höhere Fachschule für Textilindustrie wurde zu 60 Prozent von Gladbach und zu 30 Prozent von Rheydt finanziert. Als bewusstes Entgegenkommen an Rheydt siedelte man sie in nächster Nähe zur gemeinsamen Stadtgrenze an.

Auf kulturellem Gebiet konnte Rheydt mit Gladbach nicht konkurrieren. Dort wurde nämlich 1903 eine große Konzerthalle, die Kaiser-Friedrich-Halle, erbaut. 1902 entstand ein Sinfonieorchester, das ein Jahr später ganz in städtische Regie überging und in der nach Kaiser Friedrich III. benannten Halle spielte,

Oberbürgermeister Wilhelm Strauß um 1900.

die ebenfalls für Theater und Oper genutzt werden konnte.

Kommunale Zusammenschlüsse scheitern

Durch die fortschreitende Industrialisierung und die Verdichtung der Bebauung der Gemeinden waren an einigen Stellen im Großraum Mönchengladbach die Grenzen zwischen den Kommunen nicht mehr erkennbar. Zwischen Gladbach und Rheydt, zwischen Rheydt und Odenkirchen, zwischen Gladbach-Stadt und Gladbach-Land, zwischen Gladbach-Stadt und Neuwerk waren Wohnhäuser und Industrieanlagen dicht aneinander gerückt.

Schon 1900 hatte der Gladbacher Oberbürgermeister Viktor Kaifer (1831–1913) deutlich gesagt, dass es Ziel der zukünftigen Stadtpolitik sein müsse, die Stadt in Richtung Neuwerk und Gladbach-Land zu erweitern. Diese Forderung machte sich sein Nachfolger Hermann Piecq zu Eigen. Der Gladbacher Landrat Rudolf von Bönninghausen (1861–1929) aber sah darin zu Recht eine Gefahr für den Bestand des Kreises Gladbach, der schon durch die „Auskreisung" von Gladbach 1888 und die drohende „Auskreisung" von Rheydt, die dann 1907 erfolgte, erheblich geschwächt worden war. Auch die herrschenden Liberalen konnten sich mit der Idee einer Stadterweiterung schlecht anfreunden, weil sie fürchteten, durch die Eingemeindungen ihre Mehrheit zu verlieren. Ein Anlauf Piecqs scheiterte nicht nur an den Gladbacher Liberalen, sondern auch an der Ablehnung durch die Zentrumspolitiker der Gladbacher Landgemeinde, in der sie die Mehrheit hielten. Ein dritter Versuch des Düsseldorfer Regierungspräsidenten Arthur Schreiber (1849–1921), 1905 Gladbach, Rheydt und Odenkirchen für eine Zusammenlegung zu gewinnen, stieß nicht auf Gegenliebe, da Rheydt und Odenkirchen fürchteten, das größere Gladbach würde dann die Politik der neuen Stadt zu ihrem Nachteil bestimmen. Deshalb kamen ihre Stadtoberhäupter 1907 überein, sich lieber zu einer kleineren Gemeinde zusammenzuschließen. Während es in Rheydt keine Bedenken gab, opponierte in Odenkirchen das Zentrum dagegen. Doch die Liberalen setzen sich mit ihrer Mehrheit durch. Als dann ein geheimer Nebenvertrag bekannt wurde, der vorsah, dem Odenkirchener Bürgermeister Karl Böning († 1915) eine Entschädigung von 100 000 Mark zu zahlen und ihn als Beigeordneten mit dem Titel Bürgermeister zu übernehmen, brach ein Sturm der Entrüstung los. Böning verzichtete, hatte aber der Sache erheblich geschadet. Überdies gab es im preußischen Innenministerium ernste Bedenken, weil man dort einen Zusammenschluss des gesamten Gladbach-Rheydter Industriegebiets favorisierte. Bei den Kommunalwahlen von 1909 errangen die Zusammenschlussgegner in Odenkirchen die Mehrheit. Damit war der Versuch gescheitert. Eine Initiative der Gladbacher Zentrumspartei aus dem Jahr 1907, die besonders von dem seit 1905 im Reichstag sitzenden Zentrumspolitiker und ehemaligen Arbeitersekretär Johannes Giesberts (1865–1938) gefördert wurde und den Zusammenschluss mit Gladbach-Land und Neuwerk vorsah, blieb ebenso auf der Strecke wie die 1913 von Piecq vorgeschlagene Vereinigung Gladbachs mit Neuwerk und Korschenbroich.

Während des Kriegs war dann eine Verfolgung von Neu-ordnungsplänen illusorisch geworden.

Das „soziale Gewissen" der Katholiken:
Der Volksverein für das katholische Deutschland

Mit der Gründung des „Volksvereins für das katholische Deutschland" am 24. Oktober 1890 wurde Gladbach weit über die Grenzen der Rheinlande hinaus bekannt, weil hier eine Institution ihre Zentrale einrichtete, die den Namen der Stadt zu einem Markenzeichen für eine christliche Sozialpolitik machte. Der Volksverein unterschied sich wesentlich von an-deren katholischen Vereinen, weil er sich nicht als kirchliche Einrichtung, sondern als eine von der Kirche unabhängige Ver-cinigung verstand. Er kam nach Gladbach, weil hier der Unter-nehmer Franz Brandts (1834–1914) lebte, der sich durch die Einführung einer Fülle von sozialen Einrichtungen in seiner Fabrik und als Vorsitzender des schon genannten Verbandes „Arbeiterwohl" einen Namen gemacht hatte.

Der Volksverein erhielt eine straff geführte Organisation, die sich erfolgreich zum Ziel setzte, die Arbeiter über ihre Rechte zu unterrichten und sie zu schulen, um sie mündig zu machen. Außerdem sollten die Katholiken für eine Mitarbeit „an einer christlichen Sozialreform" zu Gunsten breiter Bevöl-kerungsschichten „sowie zur Bekämpfung der Irrtümer und Umsturzbestrebungen auf sozialem Gebiet" aktiviert werden, wie es damals hieß. Brandts und Franz Hitze (1851–1921), der Generalsekretär von „Arbeiterwohl", riefen zusammen mit dem bedeutenden katholischen Politiker Ludwig Windthorst (1812–1891) einen Massenverein ins Leben, der sich nicht wie von anderen geplant in erster Linie gegen den unduldsamen und den Katholiken gegenüber kämpferisch eingestellten Evangelischen Bund wandte, sondern das Sprachrohr der Katholiken in Sozial-, Wirtschafts- und Bildungspolitik wurde. Sein Erfolg war unaufhaltsam. Schon nach einem Jahr über-schritt er die Marke von 100 000 Mitgliedern. 1914 wurde mit fast 806 000 der höchste Mitgliederstand überhaupt erreicht.

Franz Brandts, der Vater des Volksvereins, um 1870.

Mitgliederstärker war nur die SPD, die damals mehr als eine Million Mitglieder zählte. Dem Volksverein gehörten fast ausschließlich katholische Männer an. Ab 1912 konnten ihm auch Frauen beitreten. Doch war der Frauenanteil vor dem Ersten Weltkrieg nie hoch.

Während des Ersten Weltkriegs brach dann die Mitgliederzahl ein. Davon erholte sich der Verein nach dem Krieg noch einmal. Aber ab 1922 wurde der Mitgliederstand immer kleiner und endete bei der Auflösung 1933 bei nur noch bei 330 000.

Die Führung des Volksvereins erkannte von Anfang an die Wirkung von Druckerzeugnissen in der politischen Diskussion. Neben der auch bei anderen Institutionen üblichen Mitgliederzeitung, die wegen der Farbe des Umschlags das „rote Heft" genannt wurde, erschienen zahlreiche Schriftenreihen und Zeitschriften, die 1914 eine Auflagenhöhe von über 17 Millionen erreichten. Von den ebenfalls vom Volksverein herausgebrachten Flugblättern waren damals 89 000 Exemplare gedruckt worden. Sie dienten überwiegend zur Aufklärung über die politischen Absichten der Sozialisten und der religionsfeindlichen Agitatoren, die bekämpft wurden. Anders verhielt es sich bei den Zeitschriften und den sonstigen Druckerzeugnissen, die zur Diskussion über Politik im Allgemeinen und über Sozialpolitik im Besonderen anregen wollten. 1906 erhielt die Zentralstelle ein eigens dafür erbautes großes Bürohaus in Gladbach. Zwei Jahre später folgte die Einweihung der Volksvereins-Druckerei.

Erstes Titelblatt der Zeitschrift „Der Volksverein" 1891.

Ganz Deutschland war mit einem Netz von Sekretariaten des Volksvereins überzogen. Vor dem Ersten Weltkrieg gab es 5400 Geschäftsstellen und über 18 000 Vertrauensmänner. Jährlich hielt der Volksverein etwa 2500 „Volksversammlungen" ab. Von 1892 bis 1900 lud er zu „praktischen-sozialen Kursen" ein. Spöttisch hat man sie die „Gladbacher Galoppuniversität" genannt. Ab 1901 bot der Volksverein zehnwöchige „Volkswirtschaftliche Kurse" an, die sich vor allem an das Führungspersonal der zu Ende des 19. Jahrhunderts entstandenen Christlichen Gewerkschaften sowie der Arbeitervereine und an die eigenen Mitarbeiter wandte. Aus dieser „Schule" sind viele bedeutende Politiker und Gewerkschafter vom Kaiserreich bis zur Bundesrepublik Deutschland hervorgegangen. Der Volksverein befürwortete die bestehende Wirtschaftsordnung, forderte aber eine staatliche Sozialpolitik und Mitbestimmungsrechte der Arbeiter.

In Gladbach wurden ferner eine sozialwissenschaftliche Bibliothek, die schließlich etwa 95 000 Bände und 420 laufende Zeitschriften aller politischen Richtungen zählte, und eine „Soziale Auskunftsstelle" eingerichtet, welche die vom Volksverein unterhaltenen Sekretariate unterstützte. Früh erkannte die Leitung des Volksvereins die Bedeutung neuer Medien und setzte ab 1910 Lichtbilderserien, Filme und später Schallplatten zur Schulung ein. Für den Leihverkehr wurden 300 Diaserien und 1911 bereits 600 Filme angeboten. Eng verbunden war der Volksverein mit der in Gladbach seit 1899 erscheinenden und redigierten „Westdeutschen Arbeiterzeitung", die ebenfalls den Stadtnamen unter Arbeitern bekannt machte.

Beim so genannten Gewerkschaftsstreit, bei dem die Frage im Mittelpunkt stand, ob die katholischen Arbeiter den überkonfessionellen, den Streik bejahenden Christlichen Gewerkschaften beitreten durften, hat der Volksverein für die Gewerkschaften Partei ergriffen. Damals bürgerte sich der Begriff von der „Gladbacher Richtung" ein. Ihr gegenüber stand die „Berliner Richtung", welche die Gewerkschaften ablehnte und nur bereit war, den katholischen, von Priestern geführten Arbeitervereinen „Fachabteilungen" (etwa Weber, Metallarbei-

ter) anzugliedern. Nach dem Ersten Weltkrieg endete der Gewerkschaftsstreit, bei dem es letztlich um die Emanzipation
der katholischen Arbeiter ging. Er gehört mit zu jenen Auseinandersetzungen im deutschen Katholizismus, bei denen die
Frage einer Anpassung an die moderne Welt im Mittelpunkt
stand.

Die „Männer des Volksvereins"

Einige „Männer des Volksvereins" nahmen als Abgeordnete im
Preußischen Landtag und im Reichstag politische Mandate wahr
und gaben die Richtung für eine christliche Sozialpolitik an. Hier
sei nur an den bereits erwähnten Franz Hitze, an August Pieper
(1866–1942), den ersten Generaldirektor des Volksvereins, an
Heinrich Brauns (1868–1939), den langjährigen Arbeitsminister
der Weimarer Republik, und an Johannes Giesberts (1865–1938),
der es zum Reichspostminister brachte, erinnert. Er hat ab 1905
als erster Arbeiter in der Gladbacher Stadtverordnetenversammlung als Nachfolger von Franz Brandts gesessen. Ebenfalls gehörte Prälat Otto Müller (1870–1944) vom Volksverein
und den katholischen Arbeitervereinen diesem Gremium an. Er
wurde später ein Opfer des nationalsozialistischen Terrors. Nicht
vergessen sollte man auch den ehemaligen, vom Volksverein ge-
schulten Arbeitersekretär Heinrich Dieck (1873–1921), der nach
dem Ersten Weltkrieg Beigeordneter in Gladbach wurde und die
kommunale Neuordnung von 1921 vorantrieb.

In der Weimarer Zeit geriet der Volksverein in eine Krise. Nicht
nur die Finanzen machten Sorgen, sondern auch der Verlust
wichtiger Mitstreiter wie Pieper, der sich zurückzog, oder
Brauns, der Minister wurde. Zudem entstanden konkurrie-
rende Organisationen im deutschen Katholizismus. Schließlich wurden jetzt viele der sozialpolitischen Forderungen des
Volksvereins, wie etwa das Betriebsrätegesetz und die Arbeits-
losenunterstützung, in die Tat umgesetzt. Es ist nicht ganz
übertrieben, wenn man feststellt, dass der Volksverein Opfer
seines eigenen Erfolgs geworden ist. 1933 wurde er von den
Nationalsozialisten verboten. Nach dem Zweiten Weltkrieg
lehnten die deutschen Bischöfe eine Wiederbelebung ab. Aber

es ist kein Zufall, dass 1963 die katholischen Bischöfe die Katholisch-Sozialwissenschaftliche Zentralstelle nach Gladbach legten und sich eine gemeinnützige Stiftung gegen Arbeitslosigkeit 20 Jahre später nach ihm benannte.

An Franz Brandts erinnert heute noch das im Volksmund so genannte Brandts'sche Kapellchen, das der Fabrikant 1896 nach dem frühen Tod seines Sohnes Rudolf (1868–1889) von seinem Schwager, dem Architekten Anton Peter Neu (1829–1904), im neogotischen Stil hatte errichten lassen. Franz Brandts liegt hinter dem Chor der Kapelle begraben.

Vom Ende des Ersten Weltkriegs bis zum Zusammenbruch 1945

Die Novemberrevolution 1918

Am 9. November 1918 griff die Novemberrevolution auch auf Mönchengladbach über. Soldaten und Arbeiter versammelten sich auf dem Rheydter Marktplatz und gründeten einen gemeinsamen Rat für die Städte Gladbach, Rheydt und den Landwehrbezirk Rheydt unter Führung des Vizewachtmeisters Heinz Abraham, eines Gladbacher Kaufmanns. Stellvertreter Abrahams wurde der Rheydter Gewerkschaftssekretär Heinrich Müller, ein Sozialdemokrat. Auch die weit links stehende Unabhängige Sozialistische Partei (USPD) und die christlichen Gewerkschaften hatte ihre Vertreter in den Arbeiter- und Soldatenrat entsandt. Als seine Hauptaufgabe verstand er die Erhaltung von Ruhe und Ordnung. In diesem Sinne erließ er zusammen mit den Oberbürgermeistern von Gladbach und Rheydt einen Aufruf an die Bevölkerung. Nach kaum mehr als einer Woche spaltete sich am 18. November 1918 der gemeinsame Arbeiter- und Soldatenrat in einen Gladbacher und einen Rheydter Rat. Beiden war kein langes Leben beschieden. Den Gladbacher löste Oberbürgermeister Hermann Piecq am 12. Dezember 1918 unter Protest der Betroffenen auf. Er machte aus seiner Ablehnung der Novemberrevolution keinen Hehl. Bei dem Verbot konnte er sich auf ein Votum der am 9. Dezember eingerückten belgischen Besatzung berufen. Nach dem Ersten Weltkrieg war nämlich das linke Rheinufer in vier Besatzungszonen aufgeteilt worden, darunter eine belgische. Im Januar 1926 sind die Belgier wieder abgezogen.

In Rheydt wurde der Arbeiter- und Soldatenrat nicht aufgelöst, sondern stellte am 31. Dezember 1918 einfach seine Tätigkeit ein.

Kommunalpolitisch änderte sich zunächst wenig. Nur der Gladbacher Landrat Rudolf von Bönninghausen ließ sich beurlauben und trat im Oktober 1919 in den Ruhestand. Die Stadt-

Feier anlässlich des Abzugs der Belgier auf dem Gladbacher Markt am 31. Januar 1926.

oberhäupter blieben im Amt. Die nach dem Dreiklassenwahlrecht gewählten kommunalen Gremien wurden ebenfalls nicht aufgelöst, da die belgische Besatzung Neuwahlen zunächst verhinderte. Die wirklichen politischen Verhältnisse zeigten sich bei der Wahl zur Nationalversammlung am 19. Januar 1919, bei der die Zentrumspartei in Gladbach knapp 59 und in Rheydt 36 Prozent erhielt. Auf die zweite Stelle rückte in Gladbach und in Rheydt die SPD. Auffallend ist die dritte Position: In Gladbach nahm sie die rechtsliberale Deutsche Volkspartei (DVP), in Rheydt wie auch in Odenkirchen die weiter rechts stehende Deutschnationale Volkspartei (DNVP) ein, die es in Gladbach nur auf den fünften Platz gebracht hatte. Bis zur Städtevereinigung 1929 erreichte das Zentrum in Gladbach immer die absolute Mehrheit. In Rheydt war es zwar die größte politische Kraft, kam aber nicht im Entferntesten an die Gladbacher Ergebnisse heran, obgleich auch hier die Katholiken mit 55 Prozent die Mehrheit stellten, die aber nicht alle Zentrum wählten.

Separatisten, Inflation, Währungsreform

Unter Duldung der belgischen Besatzungsverwaltung versuchte in Gladbach und Rheydt die „Rheinische Volksvereinigung", die sich für eine Loslösung der Rheinlande von Preußen und dem Reich einsetzte, Fuß zu fassen. Die Stadtverwaltungen und die Presse warnten vor ihnen. Am 27. August 1921 kam es vor der Kaiser-Friedrich-Halle zu einer Kundgebung gegen die so genannten Separatisten. Daraufhin wurden der Gladbacher Oberbürgermeister Franz Gielen (1867–1947) und weitere Personen von den Belgiern ausgewiesen. Am 21. Oktober 1921 besetzten die Separatisten das Gladbacher Rathaus, das daraufhin von Polizisten und aufgebrachten Bürgern gestürmt wurde. Die meisten Separatisten entkamen jedoch. Da man in Rheydt von dem Sturm auf das Gladbacher Rathaus erfahren hatte, sicherte man das eigene Verwaltungsgebäude rechtzeitig, sodass es keine Zwischenfälle gab.

Die Geldentwertung hatte in Deutschland schon während des Ersten Weltkriegs begonnen. Als Folge der von den Alliierten verlangten Reparationszahlungen nach dem verlorenen Krieg nahm sie dramatisch zu. Dann erfolgte die Besetzung des Ruhrgebiets durch französische und belgische Truppen 1923. Die Reichsregierung beantwortete sie mit dem Aufruf zum „passiven Widerstand". Um die Streikenden zu unterstützen, reichte das Geld nicht. Die Gelddruckmaschinen lieferten immer mehr wertlose Geldscheine. Eine Hyperinflation setzte ein, Notgeld wurde gedruckt. Allein in Gladbach betrug die Höhe des ausgegebenen Notgelds im Oktober 1923 eine Trillion, vierhundertfünfzehntausendeinhundertsiebzehn Billionen, zweihundertfünf Milliarden Mark. In Rheydt musste mehr als drei Viertel der Bevölkerung von öffentlicher Unterstützung leben. Am 16. Oktober 1923 wurde die Rentenmark eingeführt, wodurch sich die Lage langsam wieder stabilisierte.

Die Textilindustrie, die im Mönchengladbacher Industriegebiet eine Leitfunktion einnahm, blieb vor ständigen Rückschlägen nicht bewahrt. Als zu Ende des Jahres 1925 ein wirtschaftlicher Abschwung einsetzte, hatte das schlimme Folgen.

In Gladbach waren nun zum Beispiel 20 Prozent der Bevölkerung auf öffentliche Hilfe angewiesen. Kaum jemand blieb von der wirtschaftlichen Misere verschont.

Wieder einmal: Kommunale Neuordnung

Nach dem Ersten Weltkrieg begann ein neues Kapitel in den Bemühungen, das Gladbach-Rheydter Industriegebiet zu einer Stadt zusammenzuschließen. Treibende Kraft war wieder einmal Hermann Piecq, der in Arbeitersekretär Heinrich Dieck einen fähigen Mitstreiter fand. Die politischen Verhältnisse hatten sich nach Abschaffung des Dreiklassenwahlrechts grundlegend geändert. In allen Gemeinden meldeten sich jetzt die Befürworter des kommunalen Zusammenschlusses zu Wort. Lediglich in Korschenbroich zeigte man sich zurückhaltend. Arbeitsausschüsse wurden eingesetzt. Am 8. November 1919 lag ein Plan für die kommunale Neugestaltung vor. Die wichtigsten Punkte lauteten:
- eine einheitliche Verwaltung,
- eine einheitliche Bauplanung,
- Ausbau des Straßennetzes, der Kanalisation und der Straßenbahnlinien,
- Verbesserung des Wohnungsbaus, des Sozialwesens und des Schulwesens,
- Einrichtung von Verwaltungsstellen in den ehemaligen Gemeinden und
- Wirtschaftsförderung.

Odenkirchen und Rheydt verließen 1920 die Verhandlungen und prüften, ob sie den alten Plan einer Zusammenlegung beider Städte wieder aufleben lassen sollten. Giesenkirchen und Schelsen schieden ebenfalls aus, weil sie Nachteile fürchteten. Deshalb blieben nur Rheindahlen, Neuwerk und Gladbach-Land als Partner für Gladbach übrig. 1921 beschloss der Preußische Landtag ein Gesetz, wodurch diese Gebietskörperschaften zusammengeschlossen wurden. Das entsprach der schon lange diskutierten „kleinen Lösung". Die neue Stadt, die München-Gladbach (M.Gladbach) hieß, brachte es nun auf

66 000 Einwohner. Durch die Zusammenlegung hatte sie „als Industriestandort und für die Wohnbebauung an Attraktivität gewonnen" (H. W. Hütter).

Die Preußische Regierung hielt nach wie vor an der Bildung einer noch größeren Stadt fest, in der auch Rheydt und Odenkirchen aufgehen sollten, außerdem wollte sie Wickrath mit einbeziehen. Proteste hinderten sie nicht daran, ihr Ziel weiterzuverfolgen. Nur die Eingemeindung von Wickrath verfolgte sie nicht weiter. Am 10. Juli 1929 nahm der Preußische Landtag, nachdem sich auch die KPD-Fraktion dafür entschieden hatte, in dritter Lesung das Gesetz zur kommunalen Neugliederung des rheinisch-westfälischen Industriegebietes mit 210 zu 170 Stimmen an. Eingegliedert wurden nach München-Gladbach (M.Gladbach) Rheydt, Odenkirchen, Giesenkirchen, Schelsen und Hardt. Die neue Stadt erhielt den Namen Gladbach-Rheydt. Nach dreißigjähriger Diskussion war endlich eine Einheit von Verwaltungs- und Wirtschaftsraum entstanden.

Bei der Kommunalwahl am 17. November 1929 behielt das Zentrum zwar seine führende Stellung, kam aber mit 25 von 58 Sitzen im Rat nicht an die absolute Mehrheit heran. Zweitstärkste Gruppierung mit 10 Sitzen wurde die Bürgerliche Vereinigung aus DNVP und DVP. Die KPD bekam 8, die Mittelstandsvereinigung 7 und die SPD 5 Mandate, 3 kleinere Parteien je ein Mandat. Die Weimarer Parteien (Zentrum, SPD, DDP) brachten es auf eine Mehrheit von 31 Sitzen. Mit knapp 200 000 Einwohnern war Gladbach-Rheydt, was die Bevölkerungszahl anging, eine beachtliche Großstadt geworden.

Ein Sonderfall: Die Städtetrennung 1933

Viel Unzufriedenheit über den Zusammenschluss gab es in Rheydt. Das wussten die Nationalsozialisten zu nutzen, die eine Trennung versprachen, wenn sie „an die Macht gekommen" seien. Bei den Stadtratswahlen am 12. März 1933 wurden sie stärkste Partei, erreichten aber mit 25 von 58 Sitzen nicht die absolute Mehrheit. Das Zentrum hatte 5 Sitze verloren.

Joseph Goebbels spricht am 24. April 1933 vom Rheydter Rathaus aus zur Bevölkerung.

Dies war besonders darauf zurückzuführen, dass es in Rheydt um 8 Prozent zurückgegangen war. Die NSDAP hatte es dort auf 45,7 gebracht. Die SPD konnte nur noch 3 Mandate erringen. Die Nationalsozialisten setzten rigoros ihre Politik durch. Am 10. Juli wurde Oberbürgermeister Dr. Johannes Handschumacher (1887–1957) beurlaubt. Am 5. April hatte er noch die Sitzung des Rats geleitet, in der Joseph Goebbels (1897–1945), der aus Rheydt stammende neue Propagandaminister der Regierung Hitler, auf einstimmigen Beschluss hin mit dem Ehrenbürgerrecht geehrt worden war. Von dieser Sitzung waren die KPD-Ratsmitglieder ausgeschlossen worden. Die Vertreter der SPD hatten die Sitzung vor der Vereidigung der Ratsmitglieder verlassen. Am 24. April kündete Goebbels auf einer Rede vom Balkon des Rathauses Rheydt aus an, die Trennung Rheydts von Gladbach stehe bevor. Ein vom nationalsozialistischen preußischen Ministerpräsidenten Hermann Göring (1893–1946) ernannter Sonderkommissar war schon im April damit beauftragt worden, einen Gesetzesentwurf für die Teilung der Stadt Gladbach-Rheydt vorzubereiten. Politische Gründe gaben den Ausschlag dafür.

Am 15. Juni 1933 nahmen die Kabinettsmitglieder mit Ausnahme des Finanzministers die Vorlage an, die 9 Tage später Gesetz wurde. Zwei neue Städte waren entstanden, die es so zuvor nicht gegeben hatte: München-Gladbach, zu dem jetzt auch Hardt gehörte, und Rheydt mit Odenkirchen, Giesenkirchen und Schelsen. Diese Städtetrennung blieb ohne Parallele.

Städte unter dem Hakenkreuz

Bei der „Gleichschaltung", Verfolgung von politisch Andersdenkenden, von Juden, Sinti und Roma, geistig Behinderten, psychisch Kranken, „Erbkranken", Homosexuellen, und bei der Aushöhlung der kommunalen Selbstverwaltung unterschieden sich Gladbach, Rheydt und Wickrath, wo die NSDAP bei den Kommunalwahlen von März 1933 mit nur vier Stimmen vor dem Zentrum gelegen hatte, nicht. Unliebsame Beamte, Angestellte und Arbeiter wurden aus dem öffentlichen Dienst entlassen, einige verabschiedeten sich in den Ruhestand. Straßen erhielten neue Namen, Verbände und Vereine gingen in NS-Organisationen auf, die Bevölkerung sah sich überwacht. Parteien lösten sich selbst auf oder wurden verboten. Kommunisten, Sozialdemokraten und unliebsame Angehörige anderer Parteien fanden sich in Haft wieder. Antisemitische Hetze war an der Tagesordnung.

Im so genannten „Kleinen Volksvereinsprozess" im Dezember 1933 versuchte das Regime dem Physiker und Zentrumspolitiker Friedrich Dessauer (1881–1963), dessen Urgroßeltern Juden gewesen waren, nachzuweisen, er habe den früheren Generaldirektor des Volksvereins Wilhelm Hohn (1871–1954) zur Untreue angestiftet. Zum Leidwesen der NSDAP sprach das Gericht den Beschuldigten frei. Beim geplanten „Großen Volksvereinsprozess" gegen den ehemaligen Vorsitzenden des Volksvereins und Reichskanzler Wilhelm Marx (1863–1946), den früheren Arbeitsminister Heinrich Brauns und den letzten Generaldirektor Johannes Joseph van der Velden (1871–1954), den späteren Bischof von Aachen, kam es nicht mehr zur Anklage.

Der Versuch der NSDAP, über die „Glaubensbewegung deutscher Christen" in die evangelischen Gemeinden Gladbachs einzudringen, misslang. Der aus der katholisch-bündischen Jugendbewegung stammende Theodor Hespers (1903–1943), der von den Niederlanden aus aktiven Widerstand gegen die Nationalsozialisten leistete, fiel nach der Besetzung Hollands in die Hände der Gestapo, wurde vom Volksgerichtshof zum Tode verurteilt und am 9. September 1943 hingerichtet. Ein Gladbacher, der geholfen hatte, Juden nach Holland in Sicherheit zu bringen, starb im Konzentrationslager Oranienburg ebenfalls 1943. Wer sich kritisch über das Regime oder die Zustände äußerte, lief Gefahr, denunziert und dann nach der „Heimtückeverordnung" von 1943 verfolgt zu werden. Bis 1941 konnten noch einige Juden Mönchengladbach verlassen. 764 sind Opfer des Völkermords, der Shoah, geworden.

Im Zweiten Weltkrieg wurden die Lebensgrundlagen in Mönchengladbach vernichtet. In Gladbach blieben nur Hardt und Neuwerk vom Bombenhagel so gut wie verschont. Über 1.300 Menschen verloren ihr Leben. Etwa 42 Prozent der Wohnungen waren völlig zerstört. Von den Industrieanlagen blieben nur 10 Prozent ohne Schäden. Als Golo Mann (1909–1994), der Sohn des Literaturnobelpreisträgers Thomas Mann (1875–1955), nach Beendigung des Kriegs 1945 nach Gladbach kam, war er entsetzt über den hohen Grad der Zerstörungen. Das von deutschen Bombenangriffen gezeichnete London, schien ihm im Vergleich dazu „gerade nur angekratzt".

In der Stadt Rheydt kamen allein beim Bombenangriff vom 30./31. August 1943 277 Personen um. Die Innenstadt wurde dabei fast gänzlich zerstört. Insgesamt betrug die Zahl der Kriegsopfer in Rheydt 820.

Das Ortszentrum von Wickrath wurde am 26. Februar 1945 vernichtet. 28 Menschen starben dabei, darunter der katholische Pfarrer Dr. Heinrich Lohmann (* 1880).

Vom Kriegsende bis zur Kommunalen Neuordnung 1975

Die politischen Verhältnisse

Am 25. Februar 1945 besetzen Einheiten der 9. US-Armee Rheindahlen, einen Tag später Wickrath und am 28. Februar Odenkirchen. Am 1. März folgten Gladbach und Rheydt. In Gladbach wurde zunächst der ehemalige Hardter Bürgermeister Alexander Scharff (1881–1956) zum Bürgermeister ernannt. Mutig war er den US-Soldaten mit einer weißen Fahne entgegengegangen. Nach seiner Entlassung wegen seiner NSDAP-Zugehörigkeit, die er nicht verschwiegen hatte, wurde am 2. April Wilhelm Elfes (1884–1969) als sein Nachfolger bestimmt. Er stammte aus der katholischen Arbeiterbewegung und hatte vor der NS-Herrschaft das Amt eines Polizeipräsidenten in Krefeld innegehabt. Gladbach kannte er aus seiner Zeit als Redakteur der hier erscheinenden „Westdeutschen Arbeiterzeitung".

Auch in Wickrath wurde ein Bürgermeister eingesetzt. In Rheydt hingegen gab es je einen Bürgermeister für Rheydt, Odenkirchen und Giesenkirchen. Die Amerikaner waren wohl mit den kommunalen Verhältnissen nicht vertraut. Am 20. April lösten die Briten die Amerikaner ab. Sie setzten August Brocher (1881–1957), der bis 1929 Bürgermeister von Giesenkirchen gewesen war, als alleiniges Rheydter Stadtoberhaupt ein. Als Stadtkommandant für Gladbach und Rheydt amtierte der britische Major Donald Syme (1919–2002). Ob die Briten zunächst daran gedacht haben, den Zustand von vor 1933 wiederherzustellen, ist nicht bekannt. Auf jeden Fall ließen sie die Stadtoberhäupter, die nicht an einer Vereinigung ihrer Städte interessiert waren, gewähren, womit eine Chance vertan wurde. In Gladbach hofften einige Politiker, später noch eine Wiedervereinigung verwirklichen zu können, wozu ein schon 1933 für gemeinsame Projekte gegründeter Zweckverband dienen sollte.

Nach der Wiederbegründung und Entstehung neuer politischer Parteien fanden am 13.Oktober 1946 die ersten freien Kommunalwahlen nach dem Zweiten Weltkrieg statt. Aufgrund des Mehrheitswahlrechts errang in Gladbach die CDU, der eine überkonfessionelle „Partei der Arbeit" vorausgegangen war, alle Direktmandate. Hinzu kamen noch drei Sitze über die Reserveliste, sodass sie es auf 33 von 40 Sitzen brachte. In Rheydt kam die CDU auf 25 von 33 Sitzen. Auch nach der Einführung der neuen Wahlordnung mit Verhältniswahlrecht 1948 blieb die CDU in den beiden Kommunen die dominierende Partei. In Gladbach stellte sie immer den Oberbürgermeister. In Rheydt jedoch erreichte sie jetzt bei Kommunalwahlen nie mehr die absolute Mehrheit, sodass gelegentlich das Stadtoberhaupt in Absprache mit anderen im Stadtrat vertretenen Parteien von der SPD gestellt wurde.

Wirtschaftlicher Wiederaufbau

Ab Sommer 1945 begann der Wiederaufbau der Wirtschaft. Durch die Währungsreform von 1948 konnte sie sich umso schneller konsolidieren. Die Arbeitslosigkeit ging von 1946 bis 1949 erkennbar zurück, stieg dann aber noch einmal als „Spätfolge der Währungsreform" und Auswirkung der „eben erst installierten Sozialen Marktwirtschaft" (H. Henning). Doch dann erholte sich die Textilindustrie für kurze Zeit. Aber bereits 1957 setzte eine neue Krise ein. Die Folge war ein deutlicher Rückgang der Gewerbesteuer in beiden Städten. Man wusste, dass die bestehende Gewerbestruktur geändert werden musste, um vor weiteren Rückschlägen bewahrt zu bleiben. Deshalb suchte Gladbach nach neuen, weniger anfälligen Branchen, und Rheydt setzte auf den Ausbau des Dienstleistungssektors. Aber eine solche neue wirtschaftliche Ausrichtung brauchte Zeit, die man nicht mehr hatte.

Die Rezession von 1966/67 traf die Textilindustrie dann voll. Ihr „tradiertes Absatzkonzept" und die „damit verbundene Produktionsstruktur" erwiesen sich als überholt (H. Henning). Auch die nachfolgende wirtschaftliche Erholung wirkte sich nicht mehr entscheidend aus. Zur Zeit der kommunalen Neuordnung 1975 hatte die Textilindustrie ihre „Leitfunktion" verloren. Die metallverarbeitende Industrie konnte in Gladbach nicht an ihre Stelle treten. Anders war es in Rheydt, wo dieser Industriezweig „zielstrebig" die Spitzentechnologie nutzte. Auch die Elektroindustrie konnte sich dort behaupten. Stabilisierend wirkte sich überall die Bauwirtschaft aus. Aufsteiger im wirtschaftlichen Bereich wurde der Dienstleistungssektor, doch konnte er den „Verlust an Erwerbsmöglichkeiten im industriell-gewerblichen Sektor ... nicht völlig" ausgleichen. Eine starke Stellung errangen die Handelsbranchen, der öffentliche Dienst, der öffentliche Verkehr, die personenbezogenen (Banken, Versicherungen, Beherbergung u. a.) und die fachlich spezifizierten Dienstleistungen (Krankenhäuser, Ärzte, Juristen u. a.).

Einen Vorteil für Mönchengladbach stellte die gute Anbindung an das Autobahnnetz dar. 1970 wurde die Verbindung nach Düsseldorf fertig und 1973 der Anschluss an die Autobahn nach Koblenz begonnen, die 1987/88 vollendet war.

Eine Besonderheit ist die Entwicklung Mönchengladbachs zur Militärstadt: 1952 beschlagnahmten die Briten ein großes Gelände im Rheindahlener/Hardter Wald, um das britische Hauptquartier zu errichten. Ein neuer Stadtteil mit zeitweise 10 000 Einwohnern entstand. 1954 hatten hier zwei Nato- und zwei britische Hauptquartiere, darunter das der britischen Rheinarmee, ihren Sitz. Nach der Wende 1989 begann die schrittweise Auflösung der militärischen Einrichtungen. Ein Stück Großbritannien in der Stadt wird in wenigen Jahren Vergangenheit sein. Was aus dem großen Gelände und den vielen Gebäuden werden wird, ist noch nicht entschieden. Die gegenwärtige Kommunalpolitik muss sich darüber Gedanken machen.

1975: Kommunale Neuordnung zum Zweiten

Die kommunale Neuordnung in Nordrhein-Westfalen wurde ab dem Ende der 60er-Jahre des 20. Jahrhunderts von der Landesregierung mit Nachdruck betrieben. Die Begründungen, die in der Weimarer Republik zum Zusammenschluss von Gladbach und Rheydt geführt hatten, wurden erneut genannt:

– einheitlicher Wirtschaftsraum,
– bauliche Verdichtung,
– bessere städtebauliche Planungsmöglichkeiten,
– erhöhte „Schlagkraft" einer größeren Gemeinde,
– Einsparungen im Verwaltungsapparat usw.

Trotz dieser nicht von der Hand zu weisenden Fakten fiel es den Rheydtern und Wickrathern schwer, sich mit einem Zusammenschluss anzufreunden. Doch nach den Kommunalwahlen von 1969 sprachen sich die im Rheydter Rat vertretenen Parteien (CDU, SPD, FDP, Freie Wählergemeinschaft) für Verhandlungen mit Gladbach aus, da sie wussten, dass sie mit einem ausgehandelten Vertrag, der die jeweiligen Interessen der Beteiligten berücksichtigte, besser fahren würden, als mit einer vom Gesetzgeber verordneten Entscheidung. Während der Verhandlungen stellte sich die Freie Wählergemeinschaft unter Führung des ehemaligen Rheydter SPD-Oberbürgermeisters Wilhelm Schiffer (1898–1978) gegen die Vereinigung. Bei der entscheidenden Abstimmung wurde der Vertrag in den Räten von Gladbach und Wickrath jedoch von der Mehrheit aller Parteien gebilligt. In Rheydt sprachen sich 21 dafür, 19 dagegen aus. Drei Ratsherren, darunter Wilhelm Schiffer, enthielten sich der Stimme. Damit war der Vertrag angenommen, in dem u. a. der Name der neuen Stadt, die Mönchengladbach heißen sollte, festgelegt wurde. Am 19. März 1974

Der ehemalige Ministerpräsident Dr. Franz Meyers, 1962. Wegen seiner Verdienste für Mönchengladbach wurde er Ehrenbürger.

verabschiedete der nordrhein-westfälische Landtag das Neu-ordnungsgesetz, das am 1. Januar 1975 in Kraft trat. Für den Übergang bis zu den Kommunalwahlen im Mai 1975 wurde der ehemalige nordrhein-westfälische Ministerpräsident Dr. Franz Meyers (1908–2002), der aus Gladbach stammte, zum „Beauf-tragten für die Aufgaben des Rates und des Oberbürgermeis-ters" ernannt. Er verstand es durch seine ausgleichende Art und seinen ausgeprägten Humor, die Wogen im Beirat, der aus Ver-tretern der Parteien gebildet worden war, zu glätten und das Gemeinsame hervorzuheben. 1978 wurde ihm zum Dank das Ehrenbürgerrecht verliehen.

Politik und Kultur seit 1975

Bei den Stadtratswahlen im Mai 1975 konnten die CDU 39, die SPD 24 und die FDP 4 Sitze von 67 erringen. Da die Freie Wäh-lergemeinschaft, die den Zusammenschluss abgelehnt hatte, nicht mehr in den Rat kam, war die Neuordnung von der über-wältigen Mehrheit der Wähler gebilligt worden.

Das Zusammenleben in der neuen Stadt musste noch ge-lernt werden. Misstrauen und eifersüchtiges Wachen darüber, ob nicht etwa der eigene Stadtteil benachteiligt würde, blieben nicht aus. Aber die emotionsgeladenen politischen Diskussio-nen wie nach der ersten Neuordnung blieben aus. Klug war es, dass die Mönchengladbacher CDU sich dafür aussprach, den ehemaligen Rheydter Oberstadtdirektor Helmut Freuen (1932–2008) an die Spitze der Verwaltung zu berufen und das nach der damaligen gültigen Gemeindeordnung eher repräsen-tative Amt des Oberbürgermeisters mit Theodor Bolzenius (1922–1997), dem ehemaligen Fraktionsvorsitzenden der CDU im Gladbacher Stadtrat, zu besetzen. Er leitete das Stiftisch Humanistische Gymnasium. An der Spitze der Stadt blieb er bis 1984.

In Bolzenius' „Ära" fällt die Vollendung des Abteibergmu-seums, eines Avantgardemuseums, das nach zehnjähriger Bau-zeit 1982 eröffnet wurde. Als Architekten konnte man Hans Hollein (* 1934) aus Wien durchsetzen. Auf ihn hatte Johannes Cladders (1925–2009) der damalige Leiter des Städtischen Museums an der Bismarckstraße, das zu dieser Zeit in einem Wohnhaus mehr schlecht als recht untergebracht war, aufmerksam gemacht. Dass sein Vorschlag angenommen wurde, hatte er neben Bolzenius dem damaligen Kulturdezernenten Busso Diekamp (* 1928) zu verdanken. „Hollein schuf einen äußerst eigenwilligen Baukörper, der in der inneren Raumgliederung wie im äußeren Erscheinungsbild voller Ideen, Vielfalt und Überraschungen steckt" (J. Cladders). Das Museum nimmt dem Besucher jede „Schwellenangst", da es von mehreren Ebenen aus zu betreten ist. Im Inneren gibt es keine Türen. Die Wände sind weiß, die Teppichböden nur leicht getönt. Die ausgestellten Kunstwerke sollen sich „ohne Störungen" entfalten können. Mit dem Bau am Gladbacher Abteiberg setzte Hollein Maßstäbe für Museumsarchitektur. Besonderes Interesse gewannen bei den Besuchern die Werke des damals noch umstrittenen Künstlers Joseph Beuys (1921–1986), der schon 1969 mit einer Veranstaltung im alten Museum auf sich aufmerksam gemacht hatte, die von vielen Teilnehmern als Provokation empfunden worden war. Aber die „Gladbacher Toleranz" ertrug diese „Unruhestiftung".

Während in Gladbach ein neues Museum entstand, wurde im Mai 1982 in Rheydt mit dem Umbau der aus dem Jahr 1930 stammenden Stadthalle zu einem Opernhaus begonnen. Nach Abschluss der zweijährigen Bauzeit verlagerte man die Opern- und Ballettaufführungen der Vereinigten Städtischen Bühnen Krefeld und Mönchengladbach – eine „Theaterehe", die es seit 1950 gibt – in die neue Spielstätte an der Odenkirchener Straße. 1996 zog nach hier auch die Sprechbühne um, da das 1959 in Gladbach errichtete Schauspielhaus an der Hindenburgstraße einem Einkaufzentrum weichen soll. Von 1995 bis 1998 waren in dem Gebäude Musicals gespielt worden. 1999 ist als trauriger Abschluss dieser Episode der Theaterfundus versteigert worden.

Ein neues Stadtwappen

In dem neuen Stadtwappen von 1977 fanden sich die drei zur Stadt Mönchengladbach zusammengeschlossenen Gemeinwesen unverkennbar wieder: Wickrath mit dem Wechselzinnenbalken der Herren von Quadt, Rheydt mit dem Bylandtkreuz und Gladbach mit der Abtskrümme, wie der Abtsstab in der Sprache der Wappenkunde heißt.

Bis 1984 konnte die CDU im Stadtrat die absolute Mehrheit halten. Danach behauptete sie sich zwar als stärkste politische Kraft, war aber gezwungen, mit anderen Parteien zu kooperieren. Als Nachfolger des Oberbürgermeisters Bolzenius wurde 1984 Heinz Feldhege (* 1929) gewählt, der 13 Jahre bis 1997 im Amt blieb. Er war Bundesbahnbeamter und machte sich einen Namen mit seinem Einsatz für den Erhalt von Schloss Rheydt, das einsturzgefährdet

Das Mönchengladbacher Wappen von 1977.

war und restauriert werden musste. Ihm folgte Monika Bartsch (* 1949) nach. Sie fungierte zunächst noch als Oberbürgermeisterin nach der alten von der britischen Militärverwaltung 1945 eingeführten Gemeindeordnung mit der Doppelspitze Oberbürgermeister als Vorsitzendem des Rats und Oberstadtdirektor als Chef der Verwaltung. Nach der Änderung der Gemeindeordnung wurde sie 1999 im zweiten Wahlgang an die Spitze von Rat und Verwaltung gewählt. Damit schied der damalige Oberstadtdirektor Jochen Semmler (* 1950) aus.
Monika Bartsch konnte mit Genugtuung feststellen, dass die Städtevereinigung trotz „großer und kleiner Probleme" gelungen sei. Bei aller Verbundenheit der Bevölkerung mit ihrem Stadtteil sei so etwas wie eine neue, gemeinsame Identität gewachsen. Heute 2009 will niemand mehr der politisch Verantwortlichen den Zusammenschluss wieder rückgängig machen.
    Bei der Kommunalwahl 2004 wurde die CDU erneut mit Abstand die größte Fraktion im Stadtrat, verlor aber den Posten des Oberbürgermeisters im zweiten Wahlgang an Norbert

Bude (* 1959) von der SPD. Er war damals Geschäftsführer der SPD-Ratsfraktion und hatte zuvor eine Stelle bei der Bundesanstalt für Post und Telekommunikation inne gehabt. Er ist großer Fan von „Borussia", einem Fußballclub, der nicht wenig zur Identität der neuen Stadt beiträgt.

Die Clubfarben sind schwarz, weiß, grün

Der „Borussia" hält man in allen Stadtteilen die Daumen, wenn es etwa wieder einmal gilt, sich in der Ersten Bundesliga zu behaupten. Der Verein entstand 1900. Sein lateinischer Name heißt übersetzt Preußen. Dahinter verbirgt sich ein Bekenntnis zum Staat, dem Mönchengladbach seit 1815 angehörte. Bei seiner Gründung war der Verein zunächst eine Spielergemeinschaft innerhalb der „Marianischen Jünglingskongregation". 1903 wurde „Borussia" eigenständig und trat dem „Rheinisch-Westfälischen Spielverband" bei. 1965 stieg der Club unter seinem Trainer Hennes Weisweiler (1919–1983) in die Bundesliga auf. Wegen der vielen jungen Talente – darunter Günter Netzer – sprach man damals von der „Fohlenelf". Fünfmal gelang es dem Verein bisher, den Meistertitel zu gewinnen. Hinzu kamen drei Gewinne des Pokals des Deutschen Fußballbundes und zwei Siege im Kampf um den Pokal des Europäischen Fußballverbandes. 2004 bezog „Borussia" ein neues Stadion im Westen der Stadt, das über 54 000 Plätze verfügt.

Uli Stielike, Udo Lattek, Jupp Heynckes und Berti Vogts (v. l. n. r.) freuen sich über Borussias deutsche Meisterschaft 1977.

Das am 30. Juli 2004 eröffnete Stadion im Borussia-Park.

Ausblick

Mit fast 270 000 Einwohnern ist Mönchengladbach die größte Stadt am linken Niederrhein.

Als Kulturstadt mit seinem bekannten „Abteibergmuseum", mit Theater und Konzerthalle, mit Bibliothek (einschließlich Volksvereinsbibliothek), Stadtarchiv, Museum Schloss Rheydt, Volkshochschule, Musikschule, Kleinkunstszene, Galerien u. a., als Sportstadt mit „Borussia", einem Fußball- und einem Hockeystadion, als Schulstadt mit zehn Gymnasien, mit fünf Gesamtschulen, vier Realschulen, acht Fach- und Förderschulen, als Dienstleistungsstadt mit vier Krankenhäusern, mit medizinischen Versorgungszentren sowie Tagungseinrichtungen und als Wirtschaftsstandort für Maschinenbau, Elektrotechnik, Logistik, Textil und Mode hat die Stadt Zukunft.

Das Abteibergmuseum Mönchengladbach, 1982 eröffnet.

Zeittafel

350.000 bis 300.000 v. Chr.	Aufenthalt des Urmenschen in Rheindahlen
80.000 v. Chr.	Neandertaler in Rheindahlen
11.700 bis 9.600 v. Chr.	Besiedlung des Tals der Niers durch den Homo sapiens
5.000 bis 2.000 v. Chr.	Bandkeramiker leben in Wickrathberg und Wanlo
750–450 v. Chr.	Hügelgräber in Hardt
um 20 v. Chr.	Anlage eines römischen Wachtpostens an der Niers bei Mülfort
5. Jh. n. Chr.	Das römische Dorf an der Niers bei Mülfort verfällt
7. Jh.	Fränkische Besiedlung
837	Ersterwähnung des Mülgaus, in dem Mönchengladbach liegt
867	Ersterwähnung von Rheindahlen und Wanlo
974	Gründung der Abtei Gladbach
985/86	Tod Sandrads, des ersten Gladbacher Abtes
vor 999	Die zum Bistum Lüttich gehörenden Kirchen Gladbach und Rheydt kommen gegen den Tausch der Kirchen von Venlo, Tegelen und Lobberich an das Bistum Köln
1135	Ersterwähnung des Klosters Neuwerk
1150	Geschenk des Zehnten eines Landstücks an die Pfarre Giesenkirchen durch das Stift St. Gereon in Köln
1183	Ersterwähnung der Gladbacher Schöffen
um 1190	Ersterwähnung eines Marktes in Gladbach
1205	Weihe der Kirche in Wickrath
1220	Ersterwähnung der Kirche in Wickrathberg
1243	Ersterwähnung der Kirche in Odenkirchen
1275	Weihe des nach Plänen des Kölner Dombaumeisters Gerhard erbauten Ostchors der Gladbacher Münsters durch Albert d. Gr.
1324	Ersterwähnung der in Gladbach ansässigen Juden
1330	Ersterwähnung der Kirche in Wanlo
1346	Ersterwähnung eines Juden in Odenkirchen
1348/49	Judenpogrom in Gladbach
1354	Rheindahlen erhält Stadtrechte
1366	Ersterwähnung Gladbachs als Stadt
1405	Ersterwähnung der Gladbacher Bürgermeister
1426	Ersterwähnung der Schwesternklause in Rheydt
1433	Ersterwähnung des Schwesternkonvents in Rheindahlen

1443	Gegen Gerhard II. von Rheydt wird die Reichsacht verhängt
1444	Das Kloster Neuwerk schließt sich der Bursfelder Reform an
1454	Ersterwähnung der Gladbacher Heiligtumsfahrt
1464	Die Lütticher erobern die Burg Rheydt
1488	Wickrath wird reichsunmittelbar
1491	Gründung des Kreuzherrenklosters in Wickrath
1523	Hinrichtung des Gladbacher Täufers Vittho Pilgrams
um 1572	Die Gladbacher Reformierten erhalten einen eigenen Prediger
1557	Berufung eines calvinistischen Predigers nach Odenkirchen
1568	Schlacht auf der Dahlener Heide, Niederlage Wilhelms von Oranien gegen die Spanier
1569	Die Wickrather Katholiken erhalten ihre Kirche zurück
1578	Rebellion der Rheydter gegen Otto von Bylandt
1599	Erste Vertreibung von Mennoniten aus Gladbach
ab 1654	Endgültige Vertreibung der Mennoniten aus Gladbach
1622	Zerstörung des evangelisch-reformierten Gotteshauses in Rheindahlen
1647	Brand der Stadt Rheindahlen
1652	Brand der Stadt Gladbach
1660	Gründung des Kapuzinerklosters in Gladbach
1681	Errichtung einer interkonfessionellen Schule in Wickrath
1683/84	Bau einer evangelisch-reformierten Kirche in Gladbach
1684	Erwerb eines Schulgebäudes am Gladbacher Markt durch Abt Ambrosius Steingens
1701	Die Unterherrschaft Rheydt fällt an Arnold Christoph von Bylandt-Schwarzenberg
1744	Beginn des Neubaus des Schlosses Wickrath
1752	Wilhelm Otto Friedrich erwirbt den Grafentitel
1757	Bau einer reformierten Kirche in Odenkirchen
1781	Graf Clemens Zeno Dorth zu Horst meldet Konkurs an
1794, Oktober	Einmarsch der Franzosen in Mönchengladbach
1798	Einrichtung des Kantons Odenkirchen durch die Franzosen
1801	Verstärkte Zuwanderung von Textilunternehmern aus dem Bergischen Land nach Mönchengladbach
1802, Juni 2	Aufhebung der Abtei Gladbach
1814	Mönchengladbach kommt zu Preußen
1816	Gladbach wird Kreissitz

1825	Gründung der Druckerei Kühlen in Gladbach
1837	Gründung der Gladbacher Handelskammer
1839/40	Gründung des Staatlichen Pferdegestüts in Wickrath
1848	„Revolutionäre Umtriebe" in Gladbach
1849	Zug der Gladbacher Bürgerwehr zum Zeughaus nach Neuss
1851	Eröffnung der Eisenbahnstrecke Gladbach-Viersen, damit Anschluss nach Krefeld und (Duisburg-)Ruhrort
1852	Eröffnung der Eisenbahnstrecke Gladbach-Rheydt
1853	Gründung der Gladbacher Spinnerei und Weberei AG
1853	Gründung der Sparkasse Gladbach
1855	Gründung der Wickrather Lederfabrik
1856	Verleihung der Rheinischen Städteordnung an Odenkirchen, Rheindahlen und Rheydt
1859	Verleihung der Rheinischen Städteordnung an Gladbach
1866	Fertigstellung der Eisenbahnstrecke nach Venlo in den Niederlanden
1868	Gründung des Albertusstiftes in Gladbach Gründung der Wickrather Lederfabrik
1870	Fertigstellung der Eisenbahnstrecke Gladbach-Rheydt-Geneicken-Odenkirchen
nach 1870	Gladbach wird „Rheinisches Manchester" genannt
1877	Fertigstellung der Eisenbahnstrecke Linn – Krefeld-Neersen/Neuwerk – Gladbach – Bökel und Neuss – Neersen/Neuwerk
1878	Fertigstellung der Eisenbahnstrecke Neersen/Neuwerk-Viersen
1879	Fertigstellung des Anschlusses von Gladbach über Rheydt und Dalheim nach Roermond in den Niederlanden
1880	Gründung des Verbands „Arbeiterwohl" in Gladbach
1880	Errichtung des Wasserwerks Gladbach
1881	Pferdebahnverbindung zwischen Gladbach und Rheydt
1888	Gladbach wird kreisfrei
1889	Gründung der Kleiderfabrik Müller und Hager in Rheindahlen
1890	Gründung des Volksvereins für das katholische Deutschland, der in Gladbach seine Zentrale aufbaut
1898	Gründung des Rheydter Kabelwerks
1899	Fertigstellung der Eisenbahnstrecke Gladbach-Köln über Grevenbroich
1899	Verlegung des Preußischen Bezirkskommandos von Erkelenz nach Rheydt

1899	Die „Westdeutsche Arbeiterzeitung" erscheint in Gladbach
1900	Elektrische Straßenbahn von Gladbach nach Rheydt
1900	Gründung der Preußischen Höheren Fachschule für Textilindustrie in Gladbach
1900	Gründung des Fußballvereins „Borussia"
1903	Einweihung der Kaiser-Friedrich-Halle in Gladbach
1907	Rheydt wird kreisfrei
1918, November 9	Gründung eines Arbeiter- und Soldatenrats für Mönchengladbach
1918, Dezember 9	Belgische Truppen rücken in Mönchengladbach ein
1921	Zusammenlegung von Rheindahlen, Neuwerk, Gladbach Land und München-Gladbach (M.Gladbach)
1921, Oktober 21	Besetzung des Gladbacher Rathauses durch die Separatisten
1925	20 Prozent der Bevölkerung sind in Gladbach auf öffentliche Hilfe angewiesen
1929	Zusammenlegung von München-Gladbach, Rheydt, Odenkirchen, Giesenkirchen, Schelsen und Hardt zur Stadt Gladbach-Rheydt
1929	Einweihung der Stadthalle Rheydt
1933, Juni 24	Unter den Nationalsozialisten wird Gladbach-Rheydt in die Städte München-Gladbach (mit Hardt) und Rheydt (mit Odenkirchen, Giesenkirchen und Schelsen) getrennt
	Zur Zeit der Nationalsozialisten werden 764 Menschen in Mönchengladbach Opfer des Völkermords an den Juden
	Im Zweiten Weltkrieg verlieren mehr als 2.100 Menschen ihr Leben durch Bombenangriffe
1945, Februar/März	Einheiten der 9. US-Armee besetzen Mönchengladbach
1945, Sommer	Beginn des Wiederaufbaus der Wirtschaft
1946, Oktober 13	Erste freie Kommunalwahlen in Mönchengladbach
1952	Beginn des Baus des britischen Hauptquartiers im Rheindahlener/Hardter Wald
1954	Sitz zweier britischer und zweier Nato-Hauptquartiere in Mönchengladbach
1960	Endgültige Umbenennung der Stadt München-Gladbach (bis 1888: Gladbach), München Gladbach (ohne Bindestrich ab 1933, wie zuvor abgekürzt: M.Gladbach), Mönchen Gladbach (Sprechweise 1950) in Mönchengladbach

1965	Der Fußballverein „Borussia" steigt in die Bundesliga auf
1966/67	Beginn der Krise der Textilindustrie in Mönchengladbach
1970	Fertigstellung der Autobahn nach Düsseldorf
1973	Beginn des Ausbaus der Autobahn nach Koblenz
1975	Kommunaler Zusammenschluss vom Mönchengladbach, Rheydt und Wickrath
1982	Einweihung des Abteibergmuseums
1982	Beginn des Umbaus der Rheydter Stadthalle
1989	Beginn der Auflösung der militärischen Einrichtungen in Mönchengladbach
1997	Mit Monika Bartsch repräsentiert erstmals eine Frau als Oberbürgermeisterin die Stadt
1999	Erstmalige Direktwahl der Oberbürgermeisterin, die zugleich an der Spitze des Stadtrats steht und Chefin der Verwaltung ist
2004	Einweihung des neuen Fußballstadions im „Nordpark"

Herren, Grafen, Herzöge in Gladbach, Rheindahlen, Rheydt und Wickrath

Gladbach, und Rheindahlen sowie Rheydt als Unterherrschaft gehörten seit dem Anfang des 14. Jahrhunderts bis zum Ende des 18. Jahrhunderts zum Territorium der Grafen/Markgrafen/Herzöge von Jülich und deren Erben.

Grafen von Jülich

Dynastie Hengebach:

Gerhard V. (1297–1328)
Wilhelm V. (1328–1361)
1336 wird er von seinem Schwager Ludwig dem Bayern als Markgraf in den Reichsfürstenstand erhoben. Er verleiht 1354 Rheindahlen Stadtrechte. 1356 erhebt ihn Kaiser Karl IV. zum Herzog. Als Herzog heißt er Wilhelm I.

Herzöge von Jülich

Dynastie Hengebach:

Wilhelm II. (1361–1393)
Zu seiner Zeit erhält Gladbach Stadtrechte.

Wilhelm III. von Geldern-Jülich (1393–1402)
Rainald IV. von Geldern-Jülich (1402–1423)

Dynastie Berg:

Adolf VII. von Jülich-Berg (1423–1437)
Gerhard VII. von Jülich-Berg (1437–1475)
Wilhelm IV. (1475–1511)

Dynastie Kleve:

Johann III. (1511–1539)
Seit 1521–1539 ist er zugleich Herzog von Kleve und Graf von Mark.

Wilhelm V. der Reiche, Herzog von Jülich-Kleve-Berg (1539–1592)
Von 1538 bis 1543 ist er auch Herzog von Geldern.

Johann Wilhelm I., Herzog von Jülich-Kleve-Berg (1592–1609)

Dynastie Pfalz-Neuburg aus dem Haus Wittelsbach:

Wolfgang Wilhelm (1614–1653)
Er ist zugleich Pfalzgraf von Neuburg und residiert in Düsseldorf.

Philipp Wilhelm (1653–1690)
*Von 1653–1690 ist er zugleich Pfalzgraf von Neuburg. Von 1685–
1690 ist er außerdem Kurfürst von der Pfalz.*

Johann Wilhelm (1690–1716)
Er ist zugleich Pfalzgraf von Neuburg und Kurfürst von der Pfalz.

Karl III. Philipp (1716–1742)
*Er ist Pfalzgraf von Neuburg und Kurfürst von der Pfalz. Er resi-
diert in Mannheim.*

Dynastie Pfalz-Sulzbach aus dem Haus Wittelsbach:

Karl Theodor (1742–1799)
*Von 1728 bis 1799 ist er Markgraf von Bergen op Zoom, von 1733–
1799 Pfalzgraf von Sulzbach, 1742 bis 1799 Kurfürst von der Pfalz,
1777 bis 1799 Kurfürst von Bayern. Er residiert bis 1777 in Mannheim und danach in München. 1794 besetzen die Franzosen das
linke Rheinufer und damit Mönchengladbach. Im Frieden von
Lunéville 1801 fallen die Rheinlande endgültig an Frankreich.
Nach dem Wiener Kongress kommen sie 1814 an Preußen. Ab 1822
gehört Mönchengladbach zur preußischen Rheinprovinz. Nach
dem Zweiten Weltkrieg wird es 1946 Bestandteil des Landes Nordrhein-Westfalen.*

Die Herren der Herrschaft Wickrath

Heinrich von Hompesch (1488–ca. 1501)
Wickrath hatte, bevor es reichsunmittelbar geworden war, zum Herzogtum Geldern gehört.

Dynastie von Quadt:

Dietrich I. (ca. 1502–1515)
Johann (1517–1566)
Dietrich II. (1566–1590)
Bertram (1616–1633)
Wilhelm Thomas (1638–1670)
Wilhelm Bertram (1670–1713)
Friedrich Wilhelm Thomas (1713–1724)
Wilhelm Otto Friedrich (1742–1785), ab 1752 Graf
Wilhelm Carl Heinrich (1785–1791)
Otto Wilhelm (1793–1794)

Die Unterherren von Rheydt aus der Familie Bylandt

Henrizische Linie:

Heinrich II. (1500–1513)
Adrian (1524–1549)
Otto (1558–1591)
Otto Heinrich (1591–1608)

Linie Spaldrop:

Rolmann (1637–nach 1678)
Floris Otto (bis 1686)

Linie Schwarzenberg:

Arnold Christoph I. (1701–1730)
Franz (1742–1752)
Arnold Christoph II. (1753–1759)
Karl Kaspar (1761–1794)

Oberbürgermeister seit 1975

1975–1984:	Theodor Bolzenius, CDU
1984–1997:	Heinz Feldhege, CDU
1997–2004:	Monika Bartsch, CDU
seit 2004:	Norbert Bude, SPD

Literatur

Die wichtigste Grundlage für diese Publikation ist die von 1993 bis 2005 erschienene Stadtgeschichte, die 2006 mit einem Registerband ihren Abschluss fand [*W. Löhr (Hrsg.), Loca Desiderata. Mönchengladbacher Stadtgeschichte, Bd. 1: 2. veränderte Auflage Mönchengladbach 2005; Bd. 2: Köln 1999; Bd. 3,1: Köln 2003; Bd. 3,2: Mönchengladbach 2005; Gesamtregister: Mönchengladbach 2006*]. Zitate aus ihr wurden durch Hinzufügung des Autorennamens kenntlich gemacht.

Außerdem stellten die fünf Städteatlanten, die für die „Mönchengladbacher „Stadtrechtsorte" seit 1976 publiziert worden sind und von denen drei eine völlige Neubearbeitung erfuhren, eine bedeutsame Hilfe dar [*W. Löhr u.a., Rheydt, Köln-Bonn 1989 (Rheinischer Städteatlas IX, 52); Rheindahlen, 2. völlig neu bearbeitete Auflage, Köln- Bonn 1996 (Rheinischer Städteatlas III, 18); ders., Odenkirchen, 2. völlig neu bearbeitete Auflage, Köln-Bonn 1996 (Rheinischer Städteatlas VI, 32); ders., Mönchengladbach, Köln-Bonn 1996 (Rheinischer Städteatlas XII, 65); ders., Wickrath, 2. völlig neu bearbeitete Auflage, Köln-Bonn 1998 (Rheinischer Städteatlas IV, 24)*].

Zur der Geschichte der Abtei Gladbach wurde u. a. die neue Untersuchung von Natalie Alexandra Holtschoppen [*St. Vitus zu Gladbach, 2 Bände Mönchengladbach 2008*] und die nur als Typoskript vorliegende Arbeit von Sophie Rotiers [*Étude de la chronique de fondation de l'abbaye bénédictine Saint-Vith à Mönchengladbach, Brüssel 1991*] herangezogen.

Unerlässlich war auch das von Ernst Brasse herausgegebene Gladbacher Urkundenbuch [*E. Brasse, Urkunden und Regesten zur Geschichte der Stadt und Abtei Gladbach, Bd.1, Mönchengladbach 1914; Bd. 2, 1926*].

Für Rheydt wurde die Rheydter Chronik [*L. Schmitz, Geschichte der Herrschaft Rheydt, (Rheydter Chronik Bd.1); W. Strauß (Hrsg.) Geschichte der Stadt Rheydt (Rheydter Chronik Bd. 2, beide Rheydt 1897*] und für Wickrath der „Klassiker" von Husmann-Trippel [*J. Husmann-T. Trippel, Geschichte der ehemaligen Herrlichkeit bzw. Reichsgrafschaft und der Pfarre Wickrath, Bd. 1 Giesenkirchen 1909, Bd. 2 ebd. 1911*] befragt.

Eine Menge weiterer Schriften und Aufsätze des Verfassers, deren Ergebnisse in diese Publikation eingeflossen sind, brauchen hier nicht einzeln genannt werden. Viele davon sind im Schriftenverzeichnis der großen Stadtgeschichte genannt. Dort finden sich auch zwei Publikationen anderer Autoren, die noch erwähnt werden sollen, weil sie für diese Veröffentlichung von Bedeutung sind: [*H. Matzerath, Indus-*

trialisierung, Mobilität und sozialer Wandel am Beispiel der Städte Rheydt und Rheindahlen, in: Probleme der Modernisierung in Deutschland, Opladen 1978, S. 13–79; N. Klinkenberg, Sozialer Katholizismus in Mönchengladbach, Mönchengladbach 1981].

Wer sich mit der Mönchengladbacher Stadtgeschichte befassen will, der findet dazu ausreichend schriftliche und bildliche Quellen sowie Literatur im *Stadtarchiv Mönchengladbach*. Für die Erforschung der Geschichte der Gladbacher Abtei ist ein Besuch im *Staatsarchiv Düsseldorf* unerlässlich, wo das Archiv des Benediktinerklosters Gladbach aufbewahrt wird.

Für Rheydt liegen wichtige Dokumente im *Mährischen Staatsarchiv Brünn*/Brno/Cz (Familienarchiv Hompesch) und für Wickrath im *Fürstlich Quadtschen Archiv* in Isny.

In den jeweiligen Städteatlanten sind die bedeutsamsten ungedruckten und gedruckten Quellen sowie die wichtigste Literatur aufgeführt. Dadurch erhält man eine zuverlässige erste Information über die Fundamente der Mönchengladbacher Stadtgeschichte.

Register

Ortsregister (Mönchengladbach)

Gladbach/Mönchengladbach seit 1975

Stadtrechtsorte

Stadtteile (allgemein)

60–66, 70 f., 75–78, 85, 91, 93–97,
102–104, 106–109, 111, 114–116,
123–136 f.
Rönneter 31

Sasserath 31
Schelsen 58, 91, 106, 127, 129
Schrievers 71
Sittard 21, 31
Speick 58, 89

Uedding 58, 89
Unterniedergeburt 58, 89 f.

Venn 35, 58
Viehstraß 21
Vorst 31

Waldhausen 31, 58
Wanlo 13, 20, 36, 40, 58, 91
Wetschewell 31
Wickrath 31, 36 f., 62, 65 f., 72, 75,
79–82, 85, 91, 93, 97, 109,
129–131, 134, 137
Wickrathberg 13, 36, 40, 68, 70, 72,
87
Windberg 35, 58
Wolfsittard 31

Zoppenbroich 58, 91, 93

Ortsregister (allgemein)

152

Personenregister

153

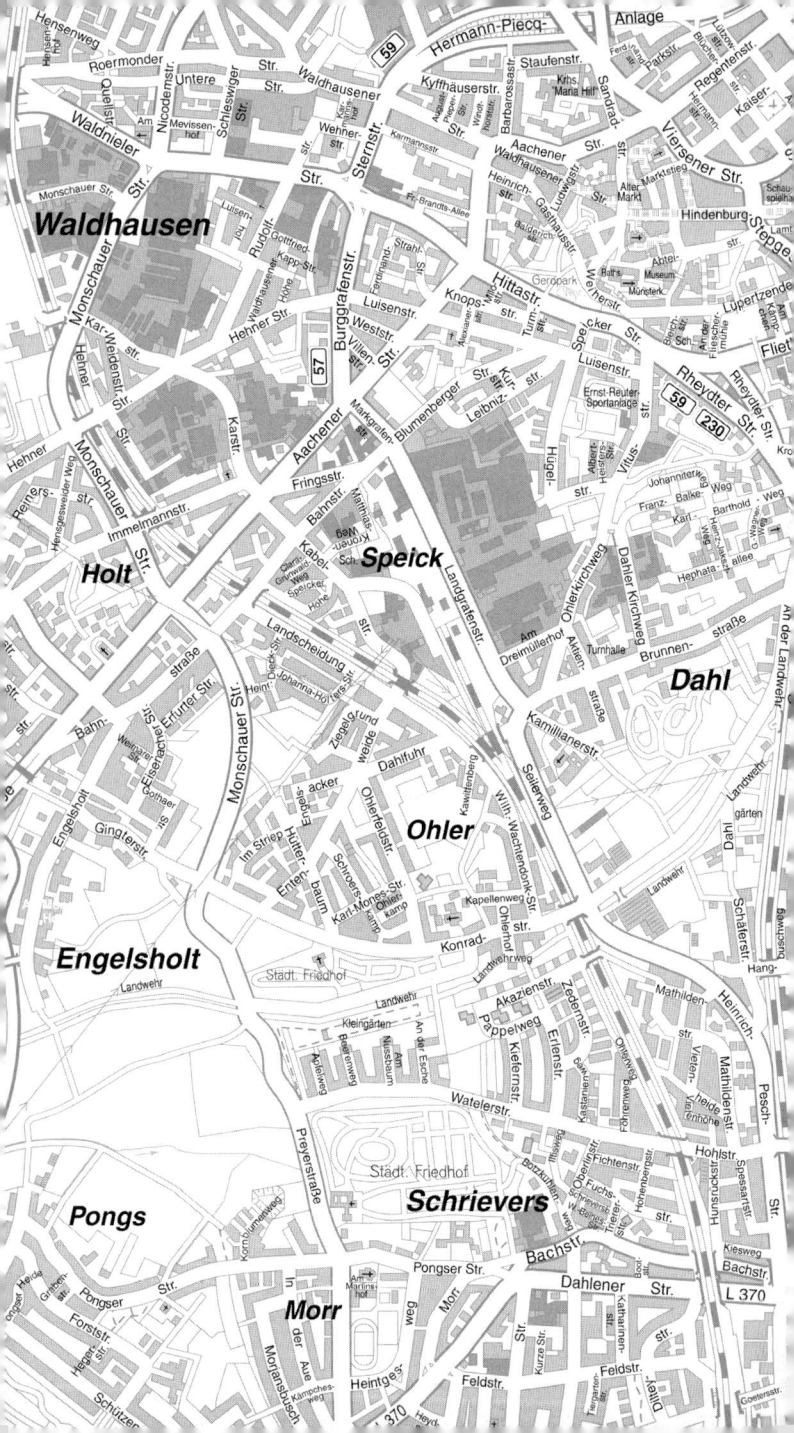

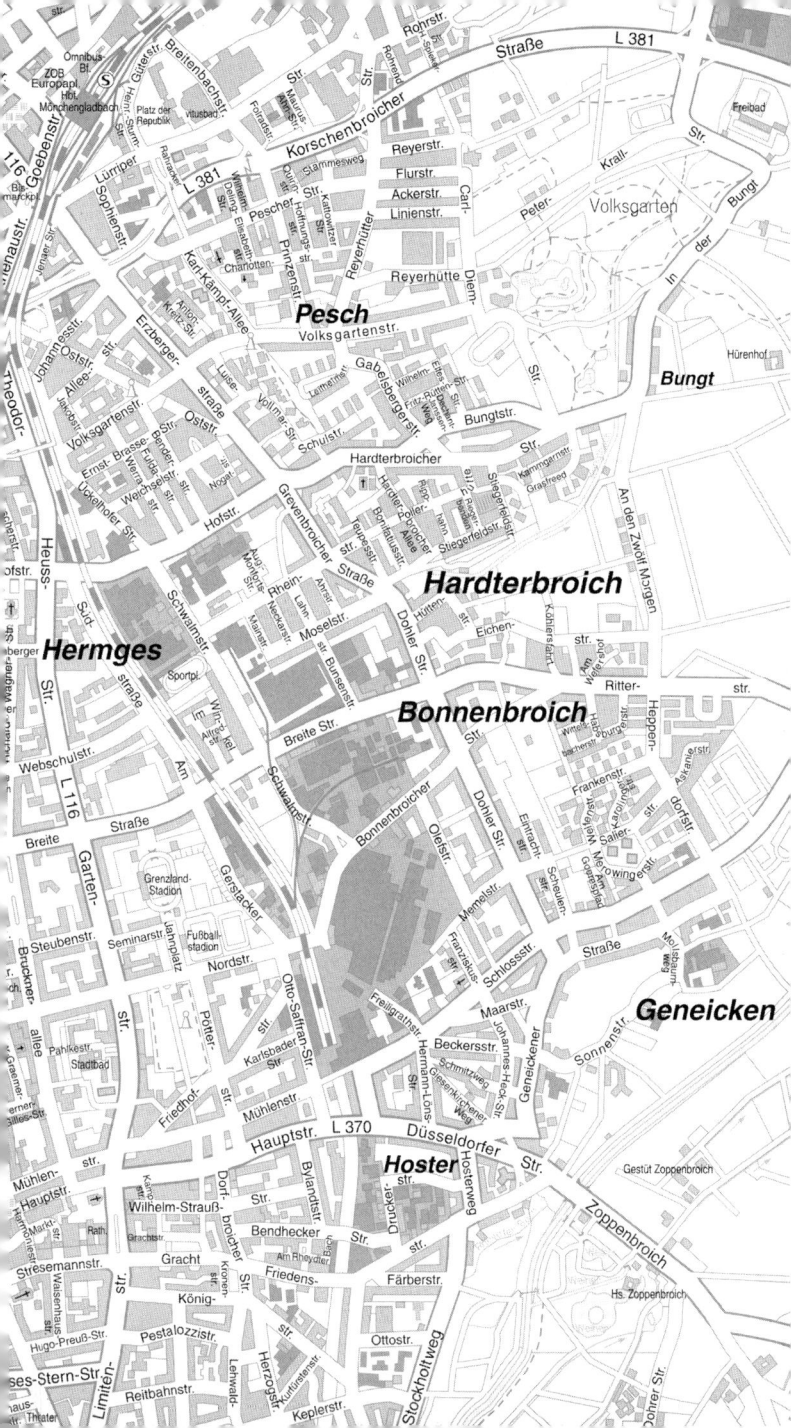

Internetadressen

www.moenchengladbach.de (offizielle Homepage der Stadt)
www.museumabteiberg.de (Städtisches Museum Abteiberg)
www.archive.nrw.de (darunter auch das Stadtarchiv Mönchengladbach)
www.StadtbibliothekMoenchengladbach.de
www.ekimg.de (Evangelisches Mönchengladbach)
www.kirche-im-bistum-aachen.de
www.odenkirchen.de
www.rheydt-online.de
www.museum-schloss-rheydt.de
www.wickrath-online.de
www.zukunft-rheindalen.de
www.borussia.de (Fußballverein Borussia Mönchengladbach)
www.city-vision.de (Stadtfernsehen)
www.radio901.de (Lokalradio)

Bildnachweis

Albertina Museum Wien: 57
Harald Krähe: 59, 90
Heimatverein Odenkirchen: 51
http://commons.wikimedia.org: 137
Landesarchiv NRW – Hauptstaatsarchiv Düsseldorf: 48, 134
Privatbesitz: 73
Propsteiarchiv Kempen: 87
Stadtarchiv Mönchengladbach: 16, 21, 26, 34, 37, 41, 43, 45, 55, 68, 70, 76, 79, 81, 97, 99, 105, 112, 115, 118, 119, 124, 128
ullstein bild – histopics: 95
ullstein bild – Imagebroker.net: 140
ullstein bild – Otto: 113
ullstein bild – Werek: 139
Stadtplan: © Stadt Mönchengladbach, Fachbereich Vermessung und Kataster, 62.22/09–AU-1365/2009

Autor und Verlag bedanken sich bei den Bildleihgebern, besonders beim Stadtarchiv Mönchengladbach.